LATEIN
LEKTÜRE
aktiv!

HELFRIED GSCHWANDTNER
CHRISTIAN BRANDSTÄTTER
(HG.)

CATULL

AUSGEWÄHLT UND KOMMENTIERT VON
RENATE GLAS

öbv & hpt, WIEN

www.oebvhpt.at

www.e-LISA.at

Mit Bescheid des Bundesministeriums für Bildung Wissenschaft und Kultur vom 24. Mai 2000, Zl. 43.783/7-III/D/13/98, gemäß § 14 Abs. 2 und 5 des Schulunterrichtsgesetzes, BGBl. Nr. 472/86, und gemäß den derzeit geltenden Lehrplänen als für den Unterrichtsgebrauch an Gymnasien für die 6. Klasse und an den anderen Typen der allgemein bildenden höheren Schulen für die 7. Klasse im Unterrichtsgegenstand Latein geeignet erklärt.

Dieses Schulbuch wurde auf der Grundlage eines Rahmenlehrplans erstellt; die Auswahl und die Gewichtung der Inhalte erfolgen durch die LehrerInnen.

SchBNr.: **867**
Latein-Lektüre aktiv! Catull
öbv&**hpt**, Wien
1. Auflage, Nachdruck 2001 Alle Drucke der 1. Auflage können im Unterricht nebeneinander verwendet werden.

Liebe Schülerin, lieber Schüler,
Sie bekommen dieses Schulbuch von der Republik Österreich für Ihre Ausbildung. Bücher helfen nicht nur beim Lernen, sondern sind auch Freunde fürs Leben.

Schulbuchvergütung/Bildrechte © VBK/Wien

1. Auflage, Nachdruck 2001 (1.01)
© öbv & hpt Verlagsgmbh & Co. KG, Wien 2000
Alle Rechte vorbehalten
Jede Art der Vervielfältigung, auch auszugsweise, gesetzlich verboten
Satz: Vesely Graphic Design, 1050 Wien
Druck: Melzer Druck, 1140 Wien
ISBN 3-209-**03189**-4

Vorwort

Die vorliegende Bearbeitung setzt die vom Grundlehrgang LUDUS her vertraute Methode fort:
- das nach ökonomischen Gesichtspunkten aufbereitete **Vokabular**;
- abwechslungsreiche **Anregungen**, die über die reine Übersetzungstätigkeit hinausgehen;
- das übersichtliche **Doppelseitenprinzip**.

Vokabel aus dem mit Hilfe von Textanalysen ermittelten LUDUS-Basiswortschatz werden als bekannt vorausgesetzt. Der **Lernwortschatz** enthält Vokabel, die beim betreffenden Autor häufig vorkommen; alle anderen Vokabel sind als Fußnoten angeführt. Für jedes Vokabel wird nach Möglichkeit nur eine deutsche Bedeutung angegeben. Dadurch entfällt das zeitraubende Nachschlagen der Vokabel, und es bleibt mehr Zeit für die (sinnvolle) Bemühung um einen möglichst guten Ausdruck in der Übersetzung.

Für das Textverständnis nötige grammatikalische Erklärungen sind ebenfalls Teil des Fußnotenapparats.

Der **Übungsteil** bietet Material für eine abwechslungsreiche Gestaltung des Unterrichts und fördert die Eigentätigkeit der Schülerinnen und Schüler; Erläuterungen und Hintergrundinformationen vervollständigen die Bearbeitung.

Um die Lehrerin/den Lehrer in der Auswahl der Textstellen nicht einzuschränken, sind die einzelnen **Doppelseiten** bzw. Sinneinheiten unabhängig voneinander bearbeitet. Das bedeutet, dass keine Vokabel aus „früheren" Doppelseiten vorausgesetzt werden; andererseits sind dadurch im Verlauf der Zeit im Lernwortschatz auch bereits bekannte Vokabel enthalten.

Helfried Gschwandtner und Christian Brandstätter
(Herausgeber)

Einleitung

Über das Leben Catulls wissen wir nicht viel. Er wurde **87 v. Chr.** in **Verona** in Norditalien geboren; er war also wie viele angesehene römische Dichter kein Römer, sondern kam aus der Provinz. Seine Familie gehörte dem Ritterstand an. Sein Vater war reich und immerhin so prominent, dass C. Iulius Caesar seine Gastfreundschaft genoss.

Mit etwa zwanzig Jahren kam Catull nach **Rom**. Wie sein Umgang mit der griechischen Kultur und Literatur zeigt, dürfte er tradtionell erzogen worden sein. Dazu passt auch, dass er im Jahr 57 .v. Chr. den Prätor Memmius nach Bithynien begleitete. Im Anschluss daran besuchte er Rhodos und Städte Kleinasiens.

Catull war geprägt von der Liebe zu Clodia, die er in seinen Gedichten als **Lesbia** verewigte. Clodia war wahrscheinlich die Gattin des Q. Caecilius Metellus Celer, des Konsuls vom Jahr 60 v. Chr., und Schwester des Clodius Pulcher, einer verrufenen Persönlichkeit der Politszene. Diese Frau war älter als der Dichter und verunsicherte Catull mit ihrer charmanten, verführerischen, aber auch herzlosen Art. In vielen Gedichten lesen wir von der Verliebtheit des Dichters, aber auch von seiner Eifersucht, seiner Unsicherheit, seinem Loskommenwollen und sogar von seinem Hass auf diese Frau.

Dieses Zurschaustellen der eigenen Gefühle war etwas ganz Neues.

Catull gehörte zum Dichterkreis der Neoteriker. Diese modernen **poetae novi** lehnten große Epen mit heroischen Inhalten ab und bevorzugten Gedichte kürzeren Umfangs, die dafür aber umso ausgefeilter in ihrer Form waren. Ausgefallene, seltene Anspielungen sollten den Leser reizen. In Anlehnung an die hellenistische Poesie wollte der Dichterkreis um Catull auch als **poetae docti** gesehen werden. Ihr Vorbild war der hellenistische Dichter Kallimachos von Cyrene, ein Kenner der griechischen Literatur und Mythologie.

Catull war also, wie man heute sagen würde, einer, der sich gegen das Establishment stellte. Er lebte und dichtete nicht nach der traditionellen Moral. Helden, Vaterland, Politik und Karriere entsprachen nicht seinem Lebensstil, sondern private Vergnügungen, Extravaganzen und Liebesaffären. Sein Leben war nur kurz, er starb mit ca. dreißig Jahren.

Thornton Wilder lässt in seinem Briefroman „**Die Iden des März**" die Zeit **Cäsars, Ciceros** und **Catulls** vor unseren Augen lebendig werden.

Der Autor lässt Cicero in einem Brief Folgendes schreiben (S. 88 f.):

> *„Ich teile Cäsars unbegrenzte Begeisterung nicht. Für einige dieser Gedichte fühle ich nicht so sehr Bewunderung, sondern eine Schwäche. Die auf griechischen Mustern beruhen, darf man wohl die blendendsten Nachdichtungen nennen, die wir bisher zu Gesicht bekamen; wenn sie sich von griechischen Vorbildern entfernen, begegnet uns einiges sehr Seltsames. Diese Gedichte sind zwar lateinisch, aber nicht römisch. Catullus kommt von jenseits der alten Grenze und bereitet uns auf diese Verfälschung unserer Sprache und unserer Art zu denken vor, welche ganz unvermeidlich über uns hereinbrechen muss. Die Gedichte an Clodia, und besonders diejenigen, die des Tods ihres Sperlings gedenken, sind nicht ohne Anmut, aber sie haben auch ihre komische Seite. Man sagt mir, sie fänden sich bereits an die Wände der Bäder gekritzelt, und es gebe keinen syrischen Wurstverkäufer, der sie nicht auswendig gelernt hat."*

So **vielschichtig** wie der Charakter Catulls war, so vielseitig ist auch seine **Gedicht-sammlung**. Teilt man die 16 Gedichte nach ihrer Form ein, so bestehen sie aus kleinen Gedichten (c. 1. bis c. 60), nach größeren Gedichten (c. 61 bis c. 68) und Epigrammen und Distichen (c. 69 bis c. 116). Eine Gliederung nach dem Versmaß ergibt eine Zweiteilung c. 1 bis c. 64 (verschiedene Versmaße), c. 65 bis c. 116 (elegische Distichen). Catulls Gedichte handeln von **persönlich Erlebtem** und **Gefühltem**: von **echter Freundschaft**, von **erfüllter** und **enttäuschter Liebe**, von **Hass** und **beißendem Spott**.

Sie sind berührend und aufregend, witzig und beklemmend. Sie zeigen einen Menschen mit all seinen Freuden und Ängsten, einen Menschen wie dich und mich, auch wenn mehr als 2000 Jahre zwischen uns liegen: Gefühle sind zeitlos – sine tempore.

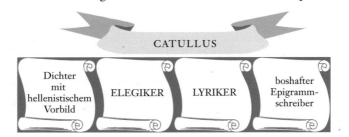

Sprachliche Besonderheiten bei Catull

Die dichterische Sprache unterscheidet sich von der Prosa durch manche Besonderheiten. Die folgende kurze Zusammenstellung zeigt, was der Dichter Catull gern verwendete:

- **Deminutiva** (Verkleinerungsformen):
  ocellus, -i *m*: Äuglein, Perle (*vgl.* oculus, -i *m*: Auge)
  misellus, -a, -um: arm (*vgl.* miser, -era, -erum: arm)

- **Verba incohativa** : Man erkennt sie am Suffix sc-. Mit dieser Silbe wird der Beginn einer Handlung bzw. eine Entwicklung gekennzeichnet (*siehe auch S. 43*)
  vige**sc**o 3: kräftig werden (*vgl.* vigeo 2: kräftig sein)

- **Verba simplicia** anstatt der Composita
  linquo 3, liqui, –: verlassen (*anstatt* relinquo 3)

- **Endung -is** kann für die Endung -es *(Akk. Pl.)* stehen
  dulcis = dulces

- In den Liebesgedichten kann die Bedeutung mancher Wörter durch ein vorangestelltes „Liebes-" verdeutlicht werden:
  dolor, doloris *m.*: **Liebes**schmerz
  ardor, ardoris *m.*: **Liebes**glut
  ebrius, -a, -um: **liebes**trunken

- Verwendung von Wörtern der **Volkssprache**
  bellus, -a, -um: schön (*statt* pulcher, pulchra, pulchrum: schön)

Häufig vorkommende und für Catull typische Vokabel

Die folgenden Vokabel sind vorteilhafterweise gleich zu Beginn der Catulllektüre zu lernen: sie sind im Vokabular der einzelnen Lektionen **nicht mehr enthalten!**

Zehn Wörter der **Liebe**

acer, acris, acre	leidenschaftlich
amo 1	lieben
amor, amoris *m.*	Liebe
deliciae, -arum *f.*	Vergnügen
basio 1	küssen
basium, -i *n.*	Kuss
bellus, -a, -um	schön
puella, -ae *f.*	Mädchen
Venus, Veneris *f.*	Venus;
	(*Pl.:*) Reiz
venustus, -a, -um	reizend;
	lieb

Acht **gute und schlechte Attribute**

beatus, -a, -um	glücklich
bonus, -a, -um	gut
dulcis, dulce	süß
iucundus, -a, -um	lieb;
	angenehm
laetus, -a, -um	froh
malus, -a, -um	böse;
	schlecht
miser, -a, -um	arm;
	traurig
misellus, -a, -um	arm

Vier **Körperteile**

lingua, -ae *f.*	Zunge;
	Sprache
nasus, -i *m.*	Nase
ocellus, -i *m.*	Äuglein;
	Perle
os, oris *n.*	Mund

Schenken und schweigen

dono 1	schenken;
	beschenken
taceo 2,	
tacui, tacitum	schweigen

Sieben „**kleine**", aber wichtige Wörter

cum (*Konjunktion*)	wenn;
	als
mi = mihi	mir
tecum	mit dir
multo	viel
(+ *Komparativ*)	
quare	deshalb
simul	zusammen;
	sobald
usque	in einem fort

Widmung

Cui dono lepidum novum libellum
arida[1] modo pumice expolitum[2]?
Corneli[3], tibi: namque[4] tu solebas
meas esse aliquid putare[5] nugas[6],
5   iam tum, cum ausus es unus Italorum[7]
omne aevum[8] tribus explicare[9] cartis,
doctis, Iuppiter, et laboriosis[10]!
Quare habe tibi[11] quidquid hoc libelli
qualecumque[12]. Quod, o patrona virgo[13],
10   plus uno maneat perenne[14] saeclo!

Catull (Barbara Koch)

■ ❑ ■ ❑ ❑ ■ ❑ ■ ❑ ■ ❑   (Hendekasyllabus)
cui do **no** le pi **dum** no **vum** li bel lum

[1] **aridus, -a, -um:** trocken
[2] **expolitus, -a, -um:** geglättet
[3] **Cornelius Nepos:** Nepos *(Schriftsteller; Landsmann des Catull)*
[4] **namque:** denn
[5] **puto 1:** halten für
[6] **nugae, -arum** *f.:* (poetische) Kleinigkeiten
[7] **Italus, -i** *m.:* Italer
[8] **aevum, -i** *n.:* Zeitalter
[9] **explico 1:** schildern
[10] **laboriosus, -a, -um:** arbeitsam, mühevoll
[11] **habe tibi!:** nimm als dein Eigentum!
[12] **quidquid ... qualecumque:** was und wie es auch immer sein mag
[13] **patrona virgo:** jungfräuliche Schutzherrin *(Muse)*
[14] **perennis, perenne:** beständig

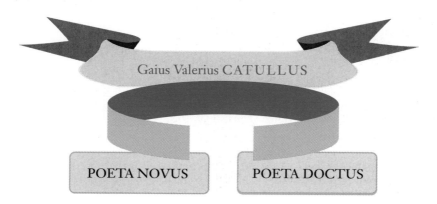

Gaius Valerius CATULLUS

POETA NOVUS   POETA DOCTUS

VOCABULARIUM

lepidus, -a, -um	reizend		**tum**	damals
libellus, -i *m.*	Büchlein		**carta**, -ae *f.*	Papyrus
modo	gerade		**quidquid**	was auch immer
pumex, pumicis *f.*	Bimsstein		**saec(u)lum**, -i *n.*	Jahrhundert
aliquid	irgendetwas			

ACTIVA ET CONTEMPLATIVA

- **Cornelius Nepos** war ein Landsmann des Dichters aus Oberitalien, der ein chronik-artiges (dreiteiliges) Geschichtswerk verfasste.
  Warum widmete Catull sein Werk dem Cornelius Nepos?

- Welche Hinweise findest du in diesem Einleitungsgedicht, dass Catull ein **Neoteriker** (= *poeta doctus et poeta novus*) ist?

- *Pumex* (Bimsstein) wurde in der Antike dazu verwendet, die fertigen Papyrus-Buchrollen an den beiden Enden zu glätten. Auch heutzutage verwenden wir Bimsstein zum Glätten, aber prosaischer: nämlich zum Entfernen der Hornhaut an den Füßen.

- Die Musen waren die neun Töchter des Jupiter und der Mnemosyne (= Erinnerung): **Klío**, **Mel**pómene, **Ter**psíchore, **Thal**ía, **Eu**térpe, **É**rato, **Ur**ánia, **Poly**hýmnia und **Kall**íope.
  (Gedächtnisstütze: „Kliometerthal, euer Urpokal".)
  Zwei Musennamen kennt ihr wahrscheinlich alle: (Renault) Clio; Urania.

- Ein Wort und seine Ableitungen

laboro 1: arbeiten, sich anstrengen

labor, laboris *m.:* Arbeit; Anstrengung

laboriosus, -a, -um: arbeitsam, mühevoll

laborifer, -a, -um: Anstrengungen ertragend

Drei Musen

Lieblingsvogel

Passer, deliciae meae puellae,
quicum[1] ludere, quem in sinu[2] tenere,
cui primum digitum dare adpetenti[3]
et acris[4] solet incitare[5] morsus[6],
5   cum desiderio[7] meo nitenti[8]
carum nescio[9] quid libet[10] iocari[11]
et solaciolum[12] sui doloris –
credo, ut tum gravis adquiescat ardor[13].
Tecum ludere sicut[14] ipsa possem
10   et tristis[15] animi levare[16] curas!

■ ☐ ■ ☐ ☐ ■ ☐ ■ ☐ ■ ☐   (Hendekasyllabus)
Pas ser **de** li ci **ae** me **ae** pu **el** lae

[1] **quicum:** mit dem
[2] **sinus, sinus** *m.:* Schoß
[3] **adpeto 3,** adpetivi, -petitum: verlangen
[4] **acris:** *hier: Akk. Pl.*
[5] **incito 1:** antreiben zu etwas
[6] **morsus, morsus** *m.:* (Liebes-)Biss
[7] **desiderium,** -i *n.:* (sehnsüchtig) Geliebte
[8] **nitens** (*Gen.:* nitentis): strahlend
[9] **carum nescio quid:** irgendetwas Liebes
[10] **libet** (+ *Infinitiv*): es beliebt; es fällt *(ihm)* ein (+ *Infinitiv*)

[11] **iocor 1:** scherzen
[12] **solaciolum,** -i *n.:* kleiner Trost
[13] **ardor,** ardoris *m.:* Liebesglut
[14] **sicut:** (so) wie
[15] **tristis:** *hier: Akk. Pl.*
    tristis animi curas: die traurigen Sorgen des Herzens; *besser:* die Sorgen des traurigen Herzens; die „verkehrte" Zuordnung des Adjektivs nennt man ENALLAGE.
[16] **levo 1:** lindern

Passer
(Wandmalerei, Pompeji)

VOCABULARIUM

passer, passeris *m.*	Sperling	**adquiesco** 3, –	sich beruhigen
ludo 3, lusi, lusum	spielen	adquievi,	
digitus (primus), -i *m.*	Finger(spitze)	**tristis**, triste	traurig
carus, -a, -um	lieb	**animus**, -i *m.*	Herz
dolor, doloris *m.*	Schmerz		

ACTIVA ET CONTEMPLATIVA

• Dieses Gedicht ist eines von den so genannten Lesbia-Gedichten, obwohl es nicht Lesbia, sondern **passer,** ihrem **Lieblingsvogel**, gewidmet ist.
Von welchem Gefühl ließ sich Catull leiten, wenn man die Verse 2 und 9 vergleicht?

• Wie spricht Catull in diesem Gedicht **Lesbia** an?

Die Haltung von **Singvögeln** war in der Antike sehr beliebt.
Leicht zu zähmen war vor allem die Blaudrossel; sehr verbreitet aber war im Mittelmeer-raum wegen des Getreideanbaus der Sperling.
Da **passer** Blaudrossel und Sperling bedeuten kann, ist man nicht sicher, welches Haustier Lesbia besaß. Nistete ein Sperling, der sonst als Schädling verfolgt wurde, in einem Tempelbezirk, wurde er geschont; auf Grund seines Liebeslebens gehörte er in den Bereich der Aphrodite.

• Schreibe an das **Lieblingshaustier** deiner Freun-
din oder deines Freundes einen Brief!

*Mädchen mit seinem Lieblingsvogel, auf einem
Ölfläschchen des 4. Jh. v. Chr.*

Der Gang in die Unterwelt

Lugete[1], o Veneres Cupidinesque[2]
et quantum est hominum venustiorum[3]!
Passer mortuus est meae puellae,
passer, deliciae meae puellae,
5   quem plus illa oculis suis amabat.
Nam mellitus[4] erat suamque norat[5]
ipsam tam bene quam puella matrem,
nec sese a gremio illius movebat,
sed circumsiliens[6] modo huc, modo illuc
10   ad solam dominam[7] usque pipiabat[8].
Qui nunc it per iter tenebricosum[9]
illuc, unde negant redire quemquam.
At vobis male[10] sit, malae tenebrae[11]
Orci[12], quae omnia bella devoratis[13].
15   Tam bellum mihi passerem abstulistis.
O factum male! o miselle passer!
Tua nunc opera[14] meae puellae
flendo[15] turgiduli[16] rubent[17] ocelli.

Passer (Wandmalerei Pompeji)

■ ❑ ■ ❑ ❑ ■ ❑ ■ ❑ ■ ❑   (Hendekasyllabus)
Lug et o Vener es Cu pi di nes que

[1] **lugeo 2,** luxi, – : trauern
[2] **Veneres Cupidinesque** (*Pl.*): Begleiter der Venus und des Cupído (= Amor)
[3] Die Aufforderung „**Lugete!**" gilt also Venus und Amor und ihrem Gefolge sowie auch allen reizenden Menschen (Menschen voll Liebreiz).
[4] **mellitus,** -a, -um: süß
[5] **norat = noverat**
[6] **circumsilio 4,** – : herumhüpfen
[7] **domina,** -ae *f.:* Herrin
[8] **pipio 1:** piepsen
[9] **tenebricosus,** -a, -um: dunkel
[10] **vobis male sit:** dir möge es schlecht bekommen
(*wörtlich:* für euch/dich möge es schlecht sein)
[11] **tenebrae,** -arum *f. Pl.:* Dunkelheit
[12] **Orcus,** -i *m.:* Unterwelt
[13] **devoro 1:** verschlingen
[14] **opera,** -ae *f.:* das Tun
[15] **fleo 2,** flevi, fletum: weinen
[16] **turgidulus,** -a, -um: geschwollen
[17] **rubeo 2,** – : gerötet sein

VOCABULARIUM

Venus, Veneris *f.*	Venus	**huc – illuc**	hierhin – dorthin
venustus, -a, -um	reizend	**usque**	in einem fort
passer, passeris *m.*	Sperling	**bellus**, -a, -um	schön
mortuus, -a, -um	tot	**aufero**, aufers,	rauben
puella, -ae *f.*	Mädchen	auferre, abstuli,	
deliciae, -arum *f. Pl.*	Vergnügen	ablatum	
amo 1	lieben	**factum**, -i *n.*	Tat
novi, novisse	kennen	**misellus**, -a, -um	arm
gremium, -i *n.*	Schoß	**ocellus**, -i *m.*	Äuglein

ACTIVA ET CONTEMPLATIVA

- In diesem carmen stoßen Liebe und Tod aufeinander. Der Schrecken und die Unerbittlichkeit des Orkus, die Ewigkeit des Todes werden uns vor Augen geführt, wenn auch nur in gemilderter Form, da „nur" der passer gestorben ist.
- Wer trauerte so sehr um seine Gattin, dass er sogar freiwillig den Weg in die Unterwelt wagte?

Totenklagen hatten in der Antike bestimmte Punkte aufzuweisen:
Anrede des Verstorbenen
Hinweis auf den Tod
Leben und Taten des Verstorbenen
Auswirkung des Todes auf die Hinterbliebenen

- Hat sich **Catull** an diese Vorgaben gehalten? Meinte er diese Totenklage ernst oder ist sie als Parodie aufzufassen?

- Verfasse eine Totenklage auf das **Lieblingstier** deiner Freundin oder deines Freundes und halte dich dabei an die Vorgaben!

- **E. T. A. Hoffmann**, der Verfasser der **„Lebensansichten des Katers Murr"**, schrieb am 1. Dezember 1821 folgenden Brief an seine Freunde:
„In der Nacht vom 29. bis zum 30. November des Jahres entschlief, um zu einem besseren Dasein zu erwachen, mein teurer geliebter Zögling, der Kater Murr, im vierten Jahr seines hoffnungsvollen Lebens. Wer den verewigten Jüngling kannte, wer ihn wandeln sah auf der Bahn der Tugend und des Rechts, misst meinen Schmerz und ehrt ihn mit Schweigen." Waren E. T. A. Hoffmanns Trauer und Schmerz echt?

Klageweiber (römisches Relief, 100 n. Chr.)

Lieben ist leben, leben ist lieben

Vivamus, mea Lesbia, atque amemus
rumoresque[1] senum[2] severiorum[3]
omnes unius aestimemus assis[4]!
Soles occidere et redire possunt:
5   nobis, cum semel[5] occidit brevis lux,
nox est perpetua una dormienda[6].
Da mi basia mille, deinde centum,
dein mille altera, dein secunda centum,
deinde usque altera mille, deinde centum.
10 Dein, cum milia multa fecerimus,
conturbabimus[7] illa, ne sciamus
aut ne quis malus invidere possit,
cum tantum sciat esse basiorum.

■ ❑ ■ ❑ ❑ ■ ❑ ■ ❑ ■ ❑   (Hendekasyllabus)
Vivamus   mea   Lesbi   atqu   amemus

[1] **rumor,** rumoris *m.:* Bemerkung
[2] **senex,** senis *m.:* (*Pl.*): alte Leute
[3] **severus,** -a, -um: streng
[4] **unius assis aestimare:** nicht höher
     einschätzen als ein As (= Groschen)
[5] **semel:** einmal
[6] **dormio 4:** schlafen
[7] **conturbo 1:** durcheinander bringen

*Der Kuss (rotfigurige Malerei auf einem
korinthischen Gefäß, 6. Jh. v. Chr.)*

VOCABULARIUM

occido 3, occidi, –	vergehen	**dein = deinde**	hierauf
redeo, -is, -ire, redii, -itum	wiederkehren	**invideo 2**, invidi, –	neidisch sein
perpetuus, -a, -um	ewig		

ACTIVA ET CONTEMPLATIVA

*Catull widmete dieses Gedicht, wie auch viele andere, **Lesbia**. Der Dichter bekannte sich offen zu seiner Liebe und nahm keine Rücksicht auf die Gesellschaft.*
Dabei muss man aber bedenken:
Als Mann und Dichter bekannte man sich zu Catulls Zeiten nicht zu seinen eigenen Gefühlen.
***Lesbia** hieß eigentlich **Clodia** und war eine durch ihren sittenlosen Lebenswandel in der damaligen römischen Gesellschaft verrufene Dame.*

- Catull verwendete in diesem Gedicht die **Anapher** (Wortwiederholung). Wo findet man dieses Stilmittel und was bezweckte der Dichter damit?

- Mit dem **Liebeszauber** eng verbunden ist auch der **Schadenszauber**. Der Aberglaube besagt, dass man eine Zahl nur dann verhexen kann, wenn man sie kennt. Wo können wir einen solchen Aberglauben erkennen?

- Leben und lieben wird in diesem Gedicht gleichgesetzt. Catull wollte uns mit diesem Gedicht nicht nur seine Liebesleidenschaft, sondern auch seine Lebensphilosophie vermitteln, die Horaz, ein römischer Lyriker, mit den geflügelten Worten „**carpe diem**" umschrieb.

- Eine kurze Grammatikauffrischung: Das Deponens **hortor 1** heißt „auffordern". Der Konjunktiv der Aufforderung, Coniunctivus hortativus, steht immer in der 1. Person Plural Konjunktiv Präsens.
Wie oft verwendete Catull in diesem Gedicht den **Coniunctivus hortativus**? Was wollte Catull damit erreichen?

Designersofa mit der Aufschrift „carpe diem"

Küssen ohne Ende

Quaeris, quot mihi basiationes[1]
tuae, Lesbia, sint satis superque[2]?
Quam magnus numerus Libyssae[3] arenae[4]
lasarpiciferis[5] iacet Cyrenis[6],
5   oraculum Iovis inter aestuosi
et Batti[7] veteris sacrum[8] sepulcrum[9];
aut quam sidera[10] multa, cum tacet nox,
furtivos[11] hominum vident amores:
tam te basia multa basiare
10   vesano[12] satis et super Catullo est,
quae nec pernumerare[13] curiosi[14]
possint nec mala fascinare[15] lingua.

Amor und Psyche (Rom, Capitolinisches Museum)

■ ❑ ■ ❑ ❑ ■ ❑ ■ ❑ ■ ❑   (Hendekasyllabus)

quae ris quot mi hi ba si a ti o nes

[1] **basiatio,** basiationis *f.:* Kuss
[2] **satis superque:** mehr als genug
[3] **Libyssus,** -a, -um: libysch
[4] **arena,** -ae *f.:* Sand
[5] **lasarpicifer** (*Gen.:* lasarpicíferis): Lasarpicium
tragend
(Lasarpicium: *eine Arznei- und Gewürzpflanze*)
[6] **Cyrenae,** Cyrenarum *f.:* Kyrene (*Hauptstadt
von Cyrenaica in Libyen*)
[7] **Battus,** -i *m.:* Battus (*sagenhafter Gründer und
König von Kyrene*)
[8] **sacer,** sacra, sacrum: heilig
[9] **sepulcrum,** -i *n.:* Grab(mal)
[10] **sidus,** síderis *n.:* Stern
[11] **furtivus,** -a, -um: heimlich
[12] **vesanus,** -a, -um: wahnsinnig
[13] **pernumero 1:** Stück für Stück zählen
[14] **curiosus,** -a, -um: neugierig
[15] **fascino 1:** behexen

*Falls es dich interessiert, Barbar,
(geliebt wie Elses Giselheer)
wie viele Kusseinheiten deine
Katulla braucht, bis sie gesättigt ist:
so viele Pflastersteine die Angelika
verlegen ließ in Marburgs Oberstadt
vom Augustinerbrunnen, Marktplatz,
Neustadt bis zum
Grab der heiligen Elisabeth,
so viele Sterne (noch ergänzt durch Satelliten)
herabschaun ungeniert des Nachts
auch auf geheimes Liebestreiben:
so viele Küsse – mindestens! –
will deine unersättliche Katulla noch von
dir,
wie sie der riesigste Computer
von Sexologen nicht erfassen
und auch die flinkeste der bösen Zungen
nie bis zu Ende zählen kann.*

(Anna Elissa Radke: Katulla
Catull-Übersetzungen ins Weibliche und
Deutsche, S. 25)

┌─ **VOCABULARIUM** ───┐

| **quot** | wie viele | **iaceo 2**, iacui, – | liegen |
| **super** | darüber | **aestuosus**, -a, -um | heiß |

└──┘

--- **ACTIVA ET CONTEMPLATIVA** ---

- Lesbia fragte Catull: *Quot basiationes sunt satis superque?*
  Catull antwortete mit zwei Vergleichen und schloss seine Antwort ab:
  tam te basia multa basiare / vesano satis et super Catullo est.
  1. Vergleich?
  2. Vergleich?

- Die Antworten gab **Catull** im Stil der **Neoteriker** als **poeta doctus**:

> *Lasarpicifer*: „*Lasarpicium* tragend". *Lasarpicium* (auch: Sirpepflanze, Silphion) war ein
> bedeutender Exportartikel Kyrenes. Das Doldenblütengewächs diente als Medizin oder Ge-
> würz, während die Stempel der Pflanze als Gemüse gegessen wurden.

> *Aestuosus Iuppiter*: *Jupiter wird als der heiße oder
> hitzige bezeichnet (hier vielleicht erotisch gemeint). Das
> kommt von seiner Gleichsetzung mit dem ägyptischen
> Gott (H)Ammon, dessen berühmte Orakelstätte in der
> Oase Siwa bei Alexandria lag.*

> *Battus* *war der sagenhafte Gründer und König von Ky-
> rene. Er wurde als Heros (Halbgott) verehrt. Sein Grab
> lag auf dem Marktplatz der Stadt.*

- Welche Ausdrücke verwendete Catull in diesem Car-
  men für **küssen**?

- Vergleiche Catull und Katulla (siehe S. 16)!

Jupiter

Armer Catull

Miser Catulle, desinas ineptire[1]
et, quod vides perisse, perditum ducas.
Fulsere quondam candidi tibi soles,
cum ventitabas[2], quo puella ducebat
5   amata nobis, quantum amabitur nulla.
Ibi illa multa tum iocosa[3] fiebant,
quae tu volebas nec puella nolebat.
Fulsere vere candidi tibi soles.
Nunc iam illa non vult: tu quoque, inpotens[4], noli,
10   nec quae fugit sectare[5], nec miser vive,
sed obstinata[6] mente perfer[7], obdura.
Vale, puella! Iam Catullus obdurat,
nec te requiret nec rogabit invitam:
at tu dolebis[8], cum rogaberis nulla[9].
15   Scelesta[10], vae te! Quae tibi manet vita!
Quis nunc te adibit? Cui videberis bella?
Quem nunc amabis? Cuius esse diceris?
Quem basiabis? Cui labella[11] mordebis?[12]
At tu, Catulle, destinatus[13] obdura!

❏ ■ ❏ ■ ❏ ■ ❏ ■ ❏ ■ ❏ ■ ❏   (Hinkiambus)
mi ser Ca tulle   de sin as in **epti** re

[1] **ineptio 4, –** : ein Narr sein
[2] **ventito 1:** oft kommen
[3] **iocosa,** iocosorum *n. Pl.:* Liebesspiele
[4] **inpotens** (*Gen.:* inpotentis): schwach
[5] **sector 1:** nachlaufen
[6] **obstinatus, -a, -um:** fest entschlossen
[7] **perfero, -fers, -ferre, pertuli, perlatum:** aushalten
[8] **at tu dolebis:** (aber) dir wird es Leid tun
[9] **nulla:** gar nicht
[10] **scelestus, -a, -um:** verrucht
[11] **labellum, -i** *n.:* Lippe
[12] **mordeo 2,** momordi, morsum: beißen
[13] **destinatus, -a, -um:** entschlossen

René Margritte, „Die Erinnerung"

VOCABULARIUM

miser, -a, -um	arm	**candidus**, -a, -um	glänzend
desino 3,	aufhören	**puella**, -ae *f.*	Mädchen
desii, -situm		**amo 1**	lieben
pereo, -is, -ire, perii,	verloren	**obduro 1**	hart sein
-itum	gehen	**requiro 3**, requisivi,	suchen
perdo 3,	zugrunde	-quisitum	
perdidi, -ditum	richten	**invitus**, -a, -um	widerwillig
perditus, -a, -um	verloren	**vae te!**	wehe dir!
duco 3,	halten für	**bellus**, -a, -um	schön
duxi, ductum		**basio 1**	küssen
fulgeo 2, fulsi, –	strahlen		

ACTIVA ET CONTEMPLATIVA

Catull spricht sich in diesem Gedicht selbst an und führt mit sich ein Zwiegespräch. Eine Liebe ist zu Ende und der Dichter leidet. Verklärt richtet er seine Gedanken in die Vergangenheit.

* In welchen Versen kannst du die **vergangenen schönen Zeiten** finden, und wie sind sie sprachlich vom Rest des Gedichtes abgesetzt?

Catull sah die Gegenwart realistisch. Seine Geliebte wies ihn zurück und auch er war gewillt, einen Schlussstrich zu ziehen.
* In welchen Versen findest du die **harte Gegenwart**?

Die Zukunft wird aber nicht für Catull hart sein, sondern für die verlassene Geliebte.
* In welchen Versen stehen die **Zukunftsvisionen** des Dichters?

Das Gedicht ist geprägt von **Wiederholungen**.
* Zeichne sie im Text an und überlege dir, was Catull damit erreichen wollte?

Catull war zwischen Gefühl und Vernunft hin- und hergerissen.
* Wo kannst du erkennen, dass Catull zwar voller Zorn auf Lesbia war, sie jedoch noch immer liebte?

Eine Liebe ist zu Ende gegangen. Ein Partner hat den Schlussstrich gezogen, er ist nun unglücklich und weiß sich nicht mehr zu helfen. Er schreibt in seinem Elend an die Briefkastenredaktion einer Zeitschrift und erwartet sich Hilfe.
* Du bist „eine Briefkastentante", die **Psychologin Dr. Auxiliator**, und antwortest!
  Lieber Catull!

Amor und Psyche (Rom, Capitolinisches Museum)
Amor und Psyche sind die Hauptfiguren eines antiken Märchens, das uns Apuleius erzählte und das von Liebe, zerstörerischer Neugier und Verzeihung handelt.

Mein bester Freund!

Verani[1], omnibus e meis amicis
antistans[2] mihi milibus trecentis,
venistine domum ad tuos penates[3]
fratresque unanimos[4] anumque[5] matrem?
5   Venisti! O mihi nuntii beati!
Visam te incolumem[6] audiamque Hiberum[7]
narrantem loca, facta, nationes,
ut mos est tuus, applicansque[8] collum[9]
iucundum os oculosque saviabor.
10 O quantum est hominum beatiorum,
quid me laetius est beatiusve?

■ ❑ ■ ❑ ❑ ■ ❑ ■ ❑ ■ ❑   (Hendekasyllabus)
Veran   omnibus   e me is   amicis

[1] **Veranius, -i** *m.:* Veranius *(Freund des Catull)*
[2] **antisto 1,** antisteti, – : hervorragen
[3] **penates,** penatium *m. Pl.:* Penaten *(Schutzgötter der Familie und des Staates)*
[4] **unanimus, -a, -um:** einträchtig
[5] **anus,** anus *f.:* alte Frau;
   anus mater: alte Mutter
[6] **incolumis,** incolume: unverletzt
[7] **Hiberes,** Hiberum *m. Pl.:* die Spanier
[8] **applico 1:** nahebringen; **collum applicare:** am Hals hängen; um den Hals fallen
[9] **collum, -i** *n.:* Hals

Römisches Aquädukt bei Tarragona, Spanien

VOCABULARIUM

trecenti, -ae, -a	dreihundert	**factum**, -i *n.*	Tat
viso 3, visi, –	sehen	**-ve**	oder
narro 1	erzählen		

ACTIVA ET CONTEMPLATIVA

- **Trennung** und **Rückkehr** sind der Hintergrund dieses Gedichtes.
  An wen ist das Gedicht gerichtet?

- Mit welcher **Satzart** beginnt und endet das Gedicht (im Gegensatz zum Mittelteil)?

- *venistine? – venisti!* Was sagt dir diese **Anapher**?

Catull freute sich über die Heimkehr eines Freundes *(venistine domum ad tuos penates)*.

> Die **Penaten** waren Schutzgötter der Familie und des Staates. Man stellte ihre Bilder in
> der Nähe des Herdes auf und brachte ihnen täglich Speiseopfer. Man glaubte, Äneas habe
> die Penaten aus Troja mitgebracht, und opferte ihnen im Tempel der Vesta.

- Es gibt viele Gründe, einen Markennamen zu kreieren.
  Warum glaubst du, nennt sich eine Pflegeschutzserie für Kinder „**Penaten**"?

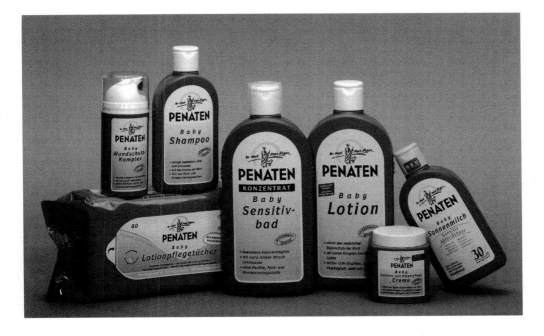

Einladung

Cenabis bene, mi Fabulle[1], apud me
paucis, si tibi di favent[2], diebus,
si tecum attuleris bonam atque magnam
cenam[3], non sine candida[4] puella
5   et vino et sale et omnibus cachinnis.
Haec si, inquam[5], attuleris, venuste noster,
cenabis bene; nam tui Catulli
plenus[6] sacculus[7] est aranearum[8].
Sed contra accipies meros[9] amores
10   seu quid suavius[10] elegantiusve est:
nam unguentum[11] dabo, quod meae puellae
donarunt Veneres Cupidinesque[12].
Quod tu cum olfacies[13], deos rogabis,
totum ut te faciant, Fabulle, nasum.

■ ☐ ■ ☐ ☐ ■ ☐ ■ ☐ ■ ☐   (Hendekasyllabus)
Cena   bis   bene   mi   Fabull   apud me

[1] **Fabullus**, -i *m.*: Fabullus *(Freund des Catull)*
[2] **faveo 2**, favi, fautum: gewogen sein
[3] **cena**, -ae *f.*: Essen
[4] **candidus**, -a, -um: hübsch
[5] **inquam**: sage ich
[6] **plenus**, -a, -um: voll
[7] **sacculus**, -i *m.*: Geldbeutel
[8] **aranea**, -ae *f.*: Spinnwebe
[9] **merus**, -a, -um: wahr
[10] **suavis**, suave: süß
[11] **unguentum**, -i *n.*: Salbe
[12] **Veneres Cupidinesque**: Begleiter von
Venus und Cupído (= Amor)
[13] **olfacio 3**, olfeci, -factum: riechen

*Liegendes Paar beim Gastmahl
(Wandmalerei Pompeji)*

VOCABULARIUM

ceno 1	speisen	**seu**	oder
sal, salis *m.*	Salz	**elegans**	fein
cachinnus, -i *m.*	Gelächter	(*Gen.:* elegantis)	
contra	*als Erwiderung*	**-ve**	oder

ACTIVA ET CONTEMPLATIVA

- Welche überraschende Wendung nimmt Catulls scherzhafte Einladung?

  cenabis bene   **cena**   cenabis bene

- Was für ein Bild eines geselligen Zusammenseins lässt Catull in uns entstehen? (vgl. unseren Ausspruch: „Wein, Weib und Gesang")

Die antike römische Küche ist faszinierend und überraschend. Der Geschmack der Gerichte ist zwar oft ungewöhnlich, aber durchaus entdeckenswert.

*Hier ein einfaches, gut schmeckendes und leicht nachkochbares Rezept von Apicius, dem Kochbuchautor der Antike: **assatura/Braten** (Apicius, 268):*

Man kann dafür jede Fleischart verwenden, ob Rind, Schwein, Lamm oder Truthahn, es schmeckt immer gut.

Das Fleischstück wird gut mit Salz eingerieben und im Backrohr gebraten (Bratzeit und Brattemperatur hängen von der Fleischart und vom Gewicht ab). Wenn der Braten fertig ist, beträufelt man ihn mit flüssigem Honig und lässt das Fleischstück noch ca. 5 Minuten im Rohr nachziehen.

Wer mehr Lust auf römische Küche hat, erfährt viel Wissenswertes und Nachkochbares von Ilaria Gozzini Giacosa in ihrem Buch „Geniessen wie die alten Römer – Antike Küche neu entdeckt".

Diener bereitet das Mahl (römische Reliefplastik)

Fort mit dem Wasser!

Minister[1] vetuli[2] puer Falerni[3],
inger[4] mi calices[5] amariores[6],
ut lex[7] Postumiae[8] iubet magistrae[9]
ebrioso[10] acino[11] ebriosioris.
5   At vos quo lubet[12] hinc[13] abite[14], lymphae[15],
vini pernicies[16], et ad severos[17]
migrate[18]: hic merus[19] est Thyonianus[20].

■ ❏ ■ ❏ ❏ ■ ❏ ■ ❏ ■ ❏   (Hendekasyllabus)
Mi nis ter ve tu li pu er Fa ler ni

[1] **minister,** ministri *m.: ergänze:* **puer:** Mundschenk
[2] **vetulus,** -a, -um: alt
[3] **Falernum,** -i *n.:* Falernerwein
[4] **inger** *Imperativ von* **ingero 3:** füllen
[5] **calix,** calicis *m.:* Becher
[6] **amarus,** -a, -um: herb
[7] **lex,** legis *f.:* Parole
[8] **Postumia,** -ae *f.:* Postumia *(leichtlebige Dame der Gesellschaft)*
[9] **magistra** *(ergänze:* **bibendi**): Trinkleiterin
[10] **ebriosus,** -a, -um: betrunken
[11] **acinus,** -i *m.:* Weinbeere; **„ebrioso acino"** *ist ein Vergleichsablativ*
[12] **quo lubet:** wohin immer
[13] **hinc:** von hier
[14] **abeo,** -is, -ire, abii, -itum: weggehen
[15] **lympha,** -ae *f.:* Wasser
[16] **pernicies,** perniciei *f.:* Verderben
[17] **severus,** -a, -um: streng
[18] **migro 1:** gehen
[19] **merus,** -a, -um: rein
[20] **Thyonianus,** -i *m.:* Thyonianer. *Catull bildete das Wort von Thyóneus, einem Beinamen des Dionysos. Es gibt zwei Erklärungen für das Wort:*
1. Thyonianus ist die Bezeichnung für einen Wein. Lateinische Weinbezeichnungen sind zwar – wegen „vinum" – immer Neutra, z. B. „Falernum", „Caecubum", „Formianum", das griechische Wort für Wein ist aber ein Maskulinum.
2. Thyonianus bedeutet „Thyonianer", d. h. Bacchusverehrer.

Betrunkene alte Frau (Rom, Capitolinisches Museum)

VOCABULARIUM

puer, -i *m.*   Bub (Sklave)

ACTIVA ET CONTEMPLATIVA

In diesem Trinklied erkennen wir Catull nicht als poeta doctus, sondern als Dichter, der sich von ausgelassenem Lebensgenuss leiten lässt.

- In der Antike wurde Wein mit Wasser verdünnt getrunken. Nur Trankopfer führte man mit unvermischtem Wein **(vinum merum)** durch.
  Wer sollte bei Catull mit Wasser verdünnten Wein trinken?

- Bei Trinkgelagen wählten die Römer einen Vorsitzenden: **rex bibendi** (Trinkkönig) oder **magister bibendi** (Trinkleiter). Er war für das Mischverhältnis von Wein und Wasser zuständig, schrieb vor, wie viele Becher jeder nacheinander zu trinken hatte, und war für die Unterhaltung zuständig.
  Seinen Anweisungen musste man folgen.
  Wer ist in carmen 27 „magister bibendi"?

- Antike Inschrift: ***Balnea, vina, Venus corrumpunt corpora nostra, sed vitam faciunt: balnea, vina, Venus*** (Grabinschrift; CIL VI 15258).

Die Bäder, die Weine, die Liebe: sie richten unsere Körper zugrunde, aber sie machen das Leben aus: die Bäder, die Weine, die Liebe.

*Der **Falerner** zählte zu den Spitzenweinen der Antike. Er wurde im Norden Kampaniens angebaut. Seine Geschmackspalette reichte von lieblich bis herb. Vor allem Martial und Horaz lobten diesen Wein sehr.*
Plinius der Ältere bezeichnete in seiner Naturalis Historia (XXIII 34) 15 Jahre alten Falernerwein als Optimum.

***Bacchus** oder **Dionysos** war der Gott des Weines. Seine Feste nannte man **Bacchanalien**. Sein Attribut war ein mit Efeu und Weinranken umwundener Stab, der **Thyrsos**. Sein Haar war mit Weintrauben geschmückt. Seine Anhänger feierten oft sehr ausgelassen, wobei es auch zu kriminellen Auswüchsen kam. Daher wurden Kultfeiern für Bacchus im Jahr 186 v.Chr. per Senatsbeschluss verboten und viele Anhänger zum Tod verurteilt.*

In Trauben gehüllter Bacchus (Wandmalerei Pompeji)

Heimweh!

Paene insularum, Sirmio[1], insularumque
ocelle, quascumque in liquentibus[2] stagnis[3]
marique vasto fert uterque Neptunus,
quam te libenter[4] quamque laetus inviso[5]
5   vix mi ipse credens Thyniam[6] atque Bithynos[7]
liquisse campos et videre te in tuto!
O quid solutis[8] est beatius curis,
cum mens onus[9] reponit[10], ac peregrino[11]
labore fessi venimus larem[12] ad nostrum
10   desideratoque[13] adquiescimus lecto?
Hoc est, quod unum est pro[14] laboribus tantis.
Salve, o venusta Sirmio, atque ero[15] gaude;
gaudete vosque[16], o Lydiae lacus[17] undae,
ridete, quidquid est domi[18] cachinnorum.

❏ ■ ❏ ■ ❏ ■ ❏ ■ ❏ ■ ■ ❏ (Hinkiambus)

paen in sul **a** rum Sir mi in sul **a** **ru**m que

Grotte des Catull

[1] **Sirmio,** Sirmionis *f.:* Sirmione *(Halbinsel am Gardasee)*
[2] **liquens** *(Gen.:* liquentis): flüssig, klar
[3] **stagnum,** -i *n.:* See
[4] **libenter:** gern
[5] **inviso 3,** invisi, –: aufsuchen
[6] **Thynia,** -ae *f.:* das nördliche Bithynien
[7] **Bithynus,** -a, -um: bithynisch
[8] **solutus,** -a, -um: losgelöst
[9] **onus,** oneris *n.:* Last
[10] **repono 3,** reposui, -positum: ablegen
[11] **peregrinus labor:** Arbeit in der Fremde
[12] **lar,** laris *m.:* Haus
[13] **desideratus,** -a, -um: ersehnt
[14] **est pro** (+ *Abl.*): wiegt auf
[15] **erus,** -i *m.:* Herr
[16] **-que:** *hier:* auch
[17] **lacus,** lacus *m.:* See; **Lydiae lacus undae =** undae Lydii lacus;
Lydius lacus: Gardasee *(angeblich sind die Etrusker aus Lydien/Kleinasien eingewandert)*
[18] **quidquid est domi:** so viel ihr zur Verfügung habt *(wörtlich:* was auch immer zu Hause vorhanden ist)

VOCABULARIUM

quicumque, quaecumque, quaecumque *(Pl.)*	alle, die		**lectus,** -i *m.*	Bett
			gaudeo 2, gavisus sum	freuen
vastus, -a, -um	riesig		**unda,** -ae *f.*	Welle
linquo 3, liqui, –	verlassen		**rideo** 2, risi, risum	lachen
fessus, -a, -um	erschöpft		**quidquid**	was auch immer
adquiesco 3, adquievi, –	ausruhen		**cachinnus,** -i *m.*	Gelächter

ACTIVA ET CONTEMPLATIVA

- **Sirmio**, heute Sirmione, liegt am südlichen Ende des Gardasees. Der Familie des Dichters gehörte dort ein reizendes Sommerhaus.
  Über Sirmione und Catull kann man sich auch über Internet informieren: http://www.telmec. it/It/Sirmione/home.htm

- Nach einer Reise in die Provinz Bithynien (am Schwarzen Meer) schrieb Catull dieses Gedicht, in dem seine **Freude** über die Heimkehr stark zu spüren ist.
  Unterstreiche alles, was Catulls Freude zeigt!

- Du bist im Ausland und denkst an **zu Hause**. Was vermisst du am meisten, worauf freust du dich?
  Vergleiche deine Gedanken mit denen Catulls!

- Da Neptun nicht nur der Gott der Meere, sondern auch der Seen war, nannte ihn Catull **uterque Neptunus** („der für beide Bereiche zuständige Neptun"). Das Attribut des Neptun war der Dreizack **tridens, tridentis m.**, der dir beim Einkauf als Markenname und als Markenzeichen begegnen kann.
  (Achte auf die Iglopackungen oder denke an den Kaugummi Trident.)

Lar

Laren (Sg. lar) waren Schutzgottheiten, vergötterte Seelen der Verstorbenen, die Haus und Hof beschützten. Der lar familiaris wurde verehrt und man begrüßte ihn, wenn man aus der Fremde heimkam, und verabschiedete sich von ihm, wenn man verreiste. Bei jedem Familienereignis erhielt er Opfer, täglich bekam er Gaben vom Tisch. Catull verwendete lar in seinem Gedicht metonymisch. Metonymie (griechisch = Umbenennung) bedeutet einen Begriff durch einen anderen zu ersetzen, der aber in einer räumlichen, zeitlichen oder ursächlichen Beziehung stehen muss.

Ich bin so arm!

Male est, Cornifici[1], tuo Catullo,
male est, me hercule[2], et laboriose[3],
et magis magis in dies[4] et horas.
Quem[5] tu, quod[6] minimum[7] facillimumque est,
5　　qua solatus[8] es allocutione[9]?
Irascor[10] tibi. Sic[11] meos amores!
Paulum quidlubet[12] allocutionis,
maestius[13] lacrimis Simonideis[14].

■　❑　■　❑　❑　■　❑　■　❑　■　❑　　(Hendekasyllabus)
Mal　est, Cor　ni　fi　ci,　tu　o　Ca　tul　lo

[1] **Cornificius,** -i *m.:* Q. Cornificius *(ein Neoteriker)*
[2] **me hercule(s):** beim Hercules! fürwahr!
[3] **laboriosus,** -a, -um: quälend; **male (Catullo) et laboriose est:** es geht (Catull) quälend schlecht
[4] **in dies:** von Tag zu Tag *(dementsprechend:* **in horas)**
[5] *Übersetze:* **Qua allocutione – quod minimum facillimumque est – eum solatus es?**
[6] **quod:** was
[7] **minimus,** -a, -um: der, die, das wenigste
[8] **solor 1:** trösten
[9] **allocutio,** allocutionis *f.:* Zuspruch, Trost
[10] **irascor,** irasceris, irasci: zürnen
[11] *Übersetze:* so belohnst du
[12] **paulum quidlubet:** nur ein klein wenig
[13] **maestus,** -a, -um: traurig; **maestius:** (auch wenn er/es) trauriger (ist)
[14] **Simonideus,** -a, -um: des Simonides *(griechischer Lyriker und Elegiker, um 500 v. Chr.)*

VOCABULARIUM

male est (mihi)   es geht (mir) schlecht
magis   mehr

ACTIVA ET CONTEMPLATIVA

- Das Gedicht ist durch **Wortwiederholungen** geprägt.

*Der Terminus technicus für diese Figur ist **Anapher**. Die Bezeichnung kommt aus dem Griechischen und bedeutet „Wiederaufnahme". Worte oder Wortgruppen werden am Anfang von Sätzen oder Satzabschnitten wiederholt. Man will damit betonen oder gliedern. Werden hingegen Worte oder Wortgruppen am Ende der Sätze oder Satzabschnitte wiederholt, nennt man diese Figur **Epipher**, was soviel wie „Zugabe" bedeutet.*

Kennzeichne die **Wortwiederholungen** und mache dir Gedanken, was Catull damit bezwecken wollte!

- Warum geht es Catull **male**? Wie könnte der Dichter getröstet werden?

- **Herkules**, die antike Kraftikone mit dem American way of life, wurde gern in Beteuerungsformen angerufen.
  hercle! hercule(s)! mehercule(s)! beim Herkules! fürwahr! wahrhaftig!
  Kann auch mit unserem heutigen Ausruf **bei Gott**! verglichen werden.
  Welche ähnlichen Kraftausdrücke kennst du?

*Simonides, der gefeierte griechische Dichter, galt als Klassiker des Klageliedes.
Man schrieb ihm auch die Erfindung der Mnemotechnik zu.
Grundlage der antiken **Mnemotechnik** war die bildhafte Vorstellung von den Gegenständen oder Fakten, die man sich einprägen wollte.
Um sich alles merken zu können, brauchte man auch die Hilfe der **Mnemosyne**.
Sie war die Göttin des Gedächtnisses und die Mutter der Musen.*

Perlweiß

    Egnatius[1], quod candidos habet dentes[2],
    renidet[3] usque quaque[4]. Si ad rei[5] ventum est
    subsellium[6], cum orator[7] excitat[8] fletum[9],
    renidet ille. Si ad pii rogum[10] fili
5   lugetur[11], orba[12] cum flet[13] unicum mater,
    renidet ille. Quicquid est, ubicumque[14] est,
    quodcumque agit, renidet. Hunc habet morbum
    neque elegantem, ut arbitror, neque urbanum.
    Quare monendum[15] est te mihi, bone Egnati.
10 Si urbanus esses aut Sabinus[16] aut Tiburs[17]
    aut parcus[18] Umber[19] aut obesus[20] Etruscus[21]
    aut Lanuvinus[22] ater[23] atque dentatus[24]

(Fortsetzung auf S. 32)

❏ ■ ❏ ■ ❏ ■ ❏ ■ ❏ ■ ■ ❏   (Hinkiambus)
Eg na ti **us** quod candi dos ha bet den tes

[1] **Egnatius,** -i *m.:* Egnatius
[2] **dens,** dentis *m.:* Zahn
[3] **renideo 2:** grinsen
[4] **usque quaque:** immer und überall
[5] **reus,** -i *m.:* Angeklagter
[6] **subsellium,** -i *n.:* Sitzbank (im Gericht)
[7] **orator,** oratoris *m.:* Redner
[8] **excito 1:** erregen
[9] **fletus,** fletus *m.:* Tränen
[10] **rogus,** -i *m.:* Scheiterhaufen
[11] **lugeo 2,** luxi, – : trauern
[12] **orbus,** -a, -um: kinderlos
[13] **fleo 2,** flevi, fletum: weinen
[14] **ubicumque:** wo auch immer
[15] **moneo 2:** warnen
[16] **Sabinus,** -i *m.:* Sabiner *(Bewohner des Berglandes nördlich von Rom)*
[17] **Tiburs,** Tiburtis *m.: Bewohner von Tiburs, heute Tivoli*
[18] **parcus,** -a, -um: sparsam
[19] **Umber,** -bri *m.:* Umbrer *(Einwohner der Gegend zwischen Tiber und Adria)*
[20] **obesus,** -a, -um: fett
[21] **Etruscus,** -i *m.:* Etrusker
[22] **Lanuvinus,** -i *m.:* Lanuviner *(Bewohner von Lanuvium; Lanuvium war eine Stadt südlich vom Albanersee)*
[23] **ater,** atra, atrum: dunkel; dunkelhäutig
[24] **dentatus,** -a, -um: mit scharfen Zähnen

Maske (Pompeji)

VOCABULARIUM

candidus, -a, -um	weiß		**quicquid**	was auch immer
pius, -a, -um	redlich		**elegans** (*Gen.:* elegantis)	fein
unicus, -a, -um	einzig		**urbanus**, -a, -um	gebildet

ACTIVA ET CONTEMPLATIVA

- Egnatius hatte weiße Zähne und wusste, wie man diesen Vorzug ins rechte Licht setzen konnte.
  Wann und **wo** „renidet Egnatius"?

- Catull bezeichnete dieses dauernde Grinsen als **neque elegantem neque urbanum morbum.**
  Dieses **Zahnpastalächeln** ist auch heute eine weit verbreitete Unsitte.
  Sammle Fotos aus Zeitungen und Zeitschriften, auf denen dir ähnliches Zähneblecken auffällt!

- Unter einer **Antithese** versteht man die Gegenüberstellung von zwei meist logisch entgegengesetzten Gedanken oder Begriffen, um diese zu charakterisieren oder um den Zwiespalt oder die Spannung hervorzuheben.
  Stelle einige Antithesen zusammen!

- Das Wort **dens** (Zahn) ist auch heute noch in der medizinischen Fachterminologie ein so genannter **Terminus technicus.** **Dens** ist auch Ausgangspunkt für einige Ableitungen:

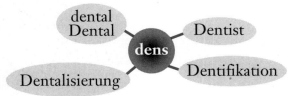

- Sammle Markennamen von Zahnpasten und Mundwässern und untersuche, wie oft der Wortstamm **dent-** vorkommt!

aut Transpadanus[1], ut meos quoque attingam[2],
aut quilubet[3], qui puriter[4] lavit[5] dentes,
15 tamen renidere usque quaque te nollem;
nam risu[6] inepto[7] res ineptior nulla est.
nunc Celtiber[8] es: Celtiberia in terra,
quod quisque minxit[9], hoc[10] sibi solet mane[11]
dentem atque russam[12] defricare[13] gingivam[14],
20 ut, quo iste[15] vester expolitior[16] dens est,
hoc te amplius[17] bibisse[18] praedicet[19] loti[20].

[1] **Transpadanus, -i m.:** Transpadaner *(Einwohner der Gegend zwischen Po und Alpen)*
[2] **attingo 3,** attigi, attactum: erwähnen
[3] **quilubet:** jeder beliebige
[4] **puriter** *(Adv.):* sauber
[5] **lavo 1,** lavi, lautum: putzen
[6] **risus,** risus *m.:* Grinsen
[7] **ineptus, -a, -um:** unpassend
[8] **Celtiber, -eri** *m.:* Keltiberer *(Nachfahre der Iberer und Kelten)*
[9] **mingo 3,** minxi, mictum: urinieren
[10] *Ablativ*

[11] **mane:** am Morgen
[12] **russus, -a, -um:** rot
[13] **defrico 1,** defricui, -frictum: putzen
[14] **gingíva, -ae** *f.:* Zahnfleisch
[15] **iste,** ista, istud: dieser
[16] **quo expolitior:** je strahlender
[17] **hoc amplius:** desto mehr (**hoc:** *Ablativ auf die Frage „um wie viel?" – Abl. limitationis*)
[18] **bibo 3,** bibi, –: schlucken
[19] **praedico 3,** praedixi, -dictum: zeigen
[20] **lotum, -i** *n.:* Urin

Öffentliche Latrine

ACTIVA ET CONTEMPLATIVA

- Vers 16: **nam risu inepto res ineptior nulla est**.
  Was fällt dir in diesem Vers sprachlich auf?

- Welche Flüssigkeit soll jemand mit besonders strahlend weißen Zähnen getrunken haben?

Karl-Wilhelm Weebers Lexikon „Alltag im Alten Rom"gibt uns über die **Zahnpflege** folgende Auskunft (S.416):

> *„Morgendliche Mundhygiene scheint – zumindest in der Rudimentärform durch Ausspülen des Mundes mit Wasser – üblich gewesen zu sein (Ovid, Ars amatoria III 197 f.); das Putzen der Zähne* **(defricare)** *geschah durch Verreiben eines Zahnpulvers* **(dentifricium),** *das meist auf der Basis von Natron hergestellt war. Andere, zum Teil recht merkwürdige Rezepturen für Zahnpflege-Mittel überliefert Plinius: u.a. Asche des Hasenkopfes mit Narde-Zusatz gegen Mundgeruch, Eselsmilch, Asche von Eselszähnen, Hirschhornpulver und Bimsstein (Naturalis Historia XXVIII 178-182). Als Zahnputzmittel der Keltiberer, das auch Römer benutzten, nannte Catull Eigenurin (39,17 ff.).*
> *Um Essensreste aus den Zähnen zu entfernen, benutzte man Zahnstocher* **(dentiscalpia).** *Sie waren vorzugsweise aus Mastixholz (Martial III 82,9), aber auch aus Metall und Federkielen (Martial XIV 22,1); der neureiche Trimalchio benutzte einen aus Silber (Petronius 33)."*

- Untersuche mit eurem Chemielehrer die **Zusammensetzungen heutiger Zahnpasten**!

- Auch heute gilt (Eigen-!) **Urin** als **ganz besonderer Saft**, der getrunken den Gesundheitszustand stark beeinflussen soll.
  Sammle Informationen darüber!

Leichtes Mädchen

Ameana[1] puella defututa[2]
tota milia me decem[3] poposcit[4],
ista[5] turpiculo[6] puella naso,
decoctoris[7] amica Formiani[8].
5   Propinqui, quibus est puella curae,
amicos medicosque[9] convocate:
non est sana[10] puella, nec rogate[11],
qualis sit. Solet esse imaginosa[12].

■ ❑ ■ ❑ ❑ ■ ❑ ■ ❑ ■ ❑   (Hendekasyllabus)
A me a na pu el la de fu tu ta

Aline (Mumienporträt)

[1] **Ameana, -ae** *f.*: Ameana
[2] **defututus, -a, -um**: abgetaktelt
[3] **milia decem** (*ergänze:* **sestertium**):
   10 000 Sesterzen
[4] **posco 3, poposci, –** (**aliquem
   aliquid**): fordern (von jemanden et-
   was)
[5] **iste, ista, istud**: dieser, diese, dieses
[6] **turpiculus, -a, -um**: ziemlich hässlich
[7] **decoctor, decoctoris** *m.*: Verschwen-
   der
[8] **Formianus, -a, -um**: aus Formiae in
   Latium
[9] **medicus, -i** *m.*: Arzt
[10] **sanus, -a, -um**: gesund
[11] **rogo 1**: fragen
[12] **imaginosus, -a, -um**: an Wahnvor-
   stellungen leidend

VOCABULARIUM

qualis, quale   welcher, welche, welches

ACTIVA ET CONTEMPLATIVA

Catull beschreibt nicht gerade schmeichelhaft ein Mädchen mit dem ausgefallenen, un-römischen Namen **Ameana.**
Viermal in diesem kurzen Gedicht verwendet Catull das Nomen **puella.**

* Stelle die Attribute zusammen:

puella   puella

AMEANA

puella   puella

__Käufliche Liebe__ war eine gesellschaftliche Selbstverständlichkeit. Sie wurde nicht nur in Bordellen angeboten, sondern es war bei unfreien Kellnerinnen und Stubenmädchen üblich, den Gästen auch für sexuelle Dienste zur Verfügung zu stehen. Als Berufsbezeichnung findet man **meretrix** *(„Verdienerin") oder* **lupa** *(„Wölfin"), bei Edel-Prostituierten der Elegie* **domina** *(„Herrin") oder* **amica** *(Freundin).*

„Obszönes ist bei den Römern keineswegs ein Privileg irgendwelcher Unterschichten oder ‚Primitiven' gewesen; es findet sich in der lateinischen Literatur zuhauf. Und zumindest das obszöne Vokabular der Graffiti unterscheidet sich nicht von dem Martials, Juvenals, Ca-tulls und anderer Größen der lateinischen Literatur. Das Interesse am Sexuellen, die deftig-drastische Sprache, in der man sich über Sexuelles äußert: Das gehört als Teilaspekt zur gesamten römischen Zivilisation." (Karl-Wilhelm Weeber: **De-cius war hier... Das Beste aus der römischen Graffiti-Szene,** *Artemis & Winkler, 1996, S. 44)*

Hetäre und Freier

Eine Provinzschönheit

Salve, nec minimo puella naso
nec bello pede nec nigris[1] ocellis
nec longis digitis nec ore sicco[2]
nec sane[3] nimis elegante lingua,
5   decoctoris[4] amica Formiani[5].
ten[6] provincia narrat esse bellam?
tecum Lesbia nostra comparatur[7]?
o saeclum insapiens[8] et infacetum[9]!

■ ❏ ■ ❏ ❏ ■ ❏ ■ ❏ ■ ❏   (Hendekasyllabus)
Sal ve nec mi ni mo pu el la na so

[1] **niger,** nigra, nigrum: dunkel
[2] **siccus,** -a, -um: trocken
[3] **sane:** wirklich
[4] **decoctor,** decoctoris m.: Bankrotteur
[5] **Formianus,** -a, -um: aus Formiae *(Stadt in Latium)*
[6] **ten = te-ne**
[7] **comparo 1:** vergleichen
[8] **insapiens** *(Gen.:* insapientis): unklug
[9] **infacetus,** -a, -um: unfein

Statue einer Römerin (1. Jh. v. Chr.)

VOCABULARIUM

digitus, -i *m.*	Finger	**narro 1**	erzählen
elegans (*Gen.*: elegantis)	fein	**saeclum**, -i *n.*	Jahrhundert

ACTIVA ET CONTEMPLATIVA

- Catull stellt uns in diesem Gedicht eine **Provinzschönheit** vor. Aufgezählt wird aber nur, was dieses „schöne" Mädchen nicht hat. Aus dieser Negativauflistung lässt sich aber das Schönheitsideal zu Catulls Zeit erschließen. Wie sollte das **ideale Mädchen** aussehen?

Diesem Idealtyp konnte natürlich nur eine Frau voll und ganz entsprechen: **Lesbia**, die Frau, in die Catull all seine Wünsche und Vorstellungen projizierte.

- Wie schaut dein **Idealtyp** aus?
  Welche **Schönheitsideale** sind momentan „in"?
  Vergleiche das **ideale Mädchen** der Antike mit dem heutigen Schönheitsideal!

- Catull geht es in seiner Beschreibung nur um **Eigenschaften**. Woraus ist das ersichtlich? (Schau auf die Verwendung der Wortarten! Wie oft kommen Verben vor?)

- Mit **rhetorischen Fragen** kann man viel bezwecken. Welche „Nichtantworten" wollte Catull bekommen?

Mumienporträt

- Im letzten Vers kanzelt Catull seine Zeit ziemlich ab. Er nennt sie **insapiens** und **infacetum**. Das Präfix **in-** entspricht unserer Vorsilbe **un-**. Beide haben meist eine pejorative Wirkung (vgl. peior, peius: schlechter).

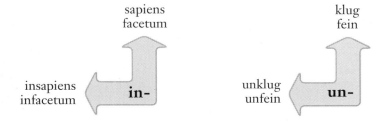

sapiens
facetum

klug
fein

insapiens
infacetum

in-

unklug
unfein

un-

Schnupfen?

Acmen[1] Septimius[2] suos amores
tenens in gremio: „Mea", inquit, „Acme,
ni[3] te perdite amo atque amare porro[4]
omnes sum assidue paratus annos
5   quantum qui pote[5] plurimum perire[6],
solus in Libya[7] Indiaque tosta[8]
caesio[9] veniam obvius[10] leoni".
Hoc ut dixit, Amor, sinistra[11] ut ante,
dextra[12] sternuit approbationem.

10   At Acme leviter caput reflectens[13]
et dulcis[14] pueri ebrios[15] ocellos
illo purpureo ore saviata:
„Sic", inquit, „mea vita, Septimille[16],
huic uni domino usque serviamus[17],
15   ut multo mihi maior acriorque
ignis[18] mollibus ardet in medullis."
Hoc ut dixit, Amor, sinistra ut ante,
dextra sternuit approbationem.

(Fortsetzung auf S. 40)

Amor und Psyche

■ □ ■ □ □ ■ □ ■ □ ■ □ (Hendekasyllabus)
Acmen Sep ti mi **us** su **os** a **mo** res

[1] **Acme** (*Akk. Sg.:* Acmen) *f.:* Acme (*Frauenname*)
[2] **Septimius, -i** *m.:* Septimius (*Freund des Catull*)
[3] **ni = nisi**
[4] **porro:** weiter
[5] **quantum qui pote** (*ergänze:* **est**)
[6] **plurimum perire:** völlig vor Liebe (zu) vergehen
[7] **Libya Indiaque:** Libyen (Nordafrika) und Indien
[8] **torreo 2,** torrui, tostum: verbrennen
[9] **caesius leo** (**leo,** leonis *m.*): grauäugiger Löwe
[10] **obvius venire:** entgegenkommen
[11] **sinistra** (*ergänze:* **parte**): zur Linken (*eigentlich:* auf der linken Seite)
[12] **dextra** (*ergänze:* **parte**): zur Rechten
[13] **reflecto 3,** reflexi, -flexum: zurückbeugen
[14] **dulcis = dulces** (*Akk. Pl.*)
[15] **ebrius, -a, -um:** liebestrunken
[16] **Septimillus, -i** *m.:* Septimillus = Septimius
[17] **servio 4:** dienen
[18] **ignis,** ignis *m.:* Liebesglut

VOCABULARIUM

gremium, -i *n.*	Schoß	**approbatio,**	Zustimmung
ni *oder* **nisi**	wenn nicht	approbationis *f.*	
perditus, -a, -um	verzweifelt	**puer**, pueri *m.*	Bub
assidue	stets	**purpureus**, -a, -um	purpurrot
potis *oder* **pote**	fähig	**savior 1**	küssen
pereo, -is, -ire,	vergehen	**mollis**, molle	zart
perii, -itum		**ardeo 2,** arsi, –	brennen
sternuo 3, sternui, –	niesen	**medulla**, -ae *f.*	Mark; Herz

ACTIVA ET CONTEMPLATIVA

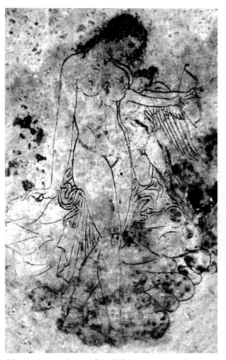

Venus weist Amor den Weg

- Catull entführt uns in die traute **Zwei-samkeit** eines verliebten Paares.
  Was verspricht **Septimius** seiner Gelieb-ten Acme?
  Welche Versprechungen macht **Acme?**

- Vergleiche Inhalt und Aufbau der ersten beiden Strophen!
  Was ist gleich? Was ist anders?

- Welches Stilmittel fällt dir in Vers 5 auf?
  quantum qui pote plurimum perire

Amor, der Liebesgott, niest zur Zustimmung.
Approbatio ist ein Wort, das auch in unserem Wortschatz vertreten ist.

Approbation — approbatio — approbieren, approbiert

Nunc ab auspicio[1] bono profecti[2]
20 mutuis animis amant amantur.
Unam Septimius misellus Acmen
mavult quam Syrias[3] Britanniasque,
uno in Septimio fidelis Acme
facit[4] delicias libidinesque.
25 Quis ullos homines beatiores
vidit, quis Venerem auspicatiorem[5]?

[1] **auspicium,** -i *n.:* Vorzeichen
[2] **proficiscor,** proficísceris, proficisci, profectus sum *(ab):* ausgehen (von)
[3] **Syrias Britanniasque:** Länder wie Syrien und Britannien
[4] **in Septimio facit:** mit Septimius kostet sie ... aus
[5] **auspicatus,** -a, -um: Glück verheißend

René Magritte, „Die günstigen Vorzeichen"

VOCABULARIUM

bonus, -a, -um	gut	**fidelis**, fidele	treu
mutuus, -a, -um	gegenseitig	**libido**, libidinis *f.*	Lust
malo, mavis, malle, malui, –	lieber wollen	**ullus**, -a, -um	irgendein; *(Pl.:)* irgendwelche

ACTIVA ET CONTEMPLATIVA

- Die Verliebten sind ganz aufeinander konzentriert. Sie sind sich einig und stimmen völlig überein. Wie zeigt uns Catull diese **Einmütigkeit**?

> *Das Beachten göttlicher Vorzeichen* **(auspicium)** *und das Einholen göttlicher Zustimmung war eine unverzichtbare Gewohnheit. Die mit dieser Aufgabe betrauten Beamten* **(magistratus)** *wurden* **augures** *genannt.*
> *Gewisse Staatsaktionen durften nur* **auspicato** *(nach Anstellen der Auspizien) durchgeführt werden. Beobachtet wurden Vogelflug und Blitze, aber auch das Fressen der Hühner. Pickten sie das Futter sehr gierig auf, galt das als günstig.*

Eine **amüsante Geschichte** über diese Art der Befragung der Zukunft lesen wir in **Thorton Wilders „Die Iden des März"**.
In einem Tagebuchbrief Cäsars, der durch das ungünstige Fressverhalten der Hühner abgehalten wurde, eine Schlacht zu beginnen, heißt es:

Opfernder Magistrat

„Ich habe diese Last von Aberglauben und Unsinn geerbt. Ich regiere unzählige Menschen, muss aber anerkennen, dass ich von Vögeln und Donnerschlägen regiert werde ...
An diesem Abend jedoch machte ich mit Asinius Pollio einen Gang durch den Wald; wir sammelten zwei Dutzend Larven und Raupen; wir zerschnitten sie mit unseren Dolchmessern in kleine Stücke und streuten sie in das geheiligte Fütterungsgehege. Am nächsten Morgen wartete das ganze Heer in großer Spannung darauf, den Willen der Götter zu erfahren. Die Schicksalsvögel wurden zum Fressen hinausgelassen. Sie überblickten zunächst den Himmel und stießen dieses Alarmgegacker aus, das genügt, zehntausend Mann zum Halten zu bringen; dann wandten sie den Blick ihrem Frühstück zu. Beim Hercules, die Augen sprangen ihnen fast aus dem Kopf! Sie ließen Schreie verzückter Gefräßigkeit ertönen; sie stürzten sich wie wild auf ihre Mahlzeit; und so war mir denn erlaubt, die Schlacht von Köln zu gewinnen" (S. 13 f.).

Frühlingsgefühle

Iam ver[1] egelidos[2] refert tepores[3],
iam caeli furor aequinoctialis[4]
iucundis Zephyri[5] silescit[6] auris.
Linquantur Phrygii[7], Catulle, campi
5   Nicaeaeque[8] ager uber[9] aestuosae:
ad claras[10] Asiae[11] volemus[12] urbes.
Iam mens praetrepidans[13] avet vagari[14],
iam laeti studio pedes vigescunt[15].
O dulces comitum valete coetus[16],
10   longe quos simul a domo profectos
diversae[17] varie[18] viae[19] reportant[20].

■ ❑ ■ ❑ ❑ ■ ❑ ■ ❑ ■ ❑   (Hendekasyllabus)

iam ver   **e**   ge   li   dos   re   **fert**   te   **po**   res

[1] **ver,** veris *n.:* Frühling
[2] **egelidus,** -a, -um: warm
[3] **tepor,** teporis *m.:* laue Luft
[4] **aequinoctialis furor caeli:** Frühjahrssturm
[5] **Zephyrus,** -i *m.:* Zephyr, Westwind
[6] **silesco 3:** sich legen
[7] **Phrygius,** -a, -um: phrygisch *(Phygien: Landschaft in Kleinasien)*
[8] **Nicaea,** -ae *f.:* Nicaea *(Stadt in Bithynien)*
[9] **uber** *(Gen.:* uberis) : reich
[10] **clarus,** -a, -um: berühmt

[11] **Asia,** -ae *f.:* Asien
[12] **volo 1:** eilen
[13] **praetrepidans** *(Gen.:* praetrepidantis): in hastiger Eile
[14] **vagor 1:** herumstreifen
[15] **vigesco 3:** kräftig werden
[16] **coetus,** coetus *m.:* Zusammentreffen
[17] **diversus,** -a, -um: verschieden
[18] **varie:** auf verschiedene Art und Weise
[19] **via,** -ae *f.:* Weg
[20] **reporto 1:** zurückbringen

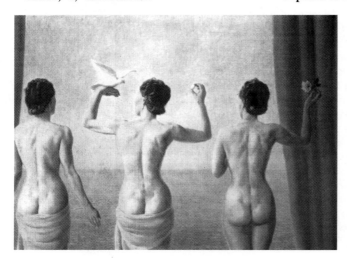

René Magritte, „Die Windstille"

VOCABULARIUM

aura, -ae *f.*	Luft	**aestuosus**, -a, -um	heiß
linquo 3, liqui, –	verlassen	**aveo 2,** –, –	begehren

ACTIVA ET CONTEMPLATIVA

- **Catull** schildert das Erwachen der **Frühlingsgefühle**.
  Welches Bild zeichnet Catull?

- Vergleiche **Frühlingsgedichte** und **Frühlingslieder** mit diesem Gedicht, z.B. „Das Wandern ist des Müllers Lust" *(Ludwig Uhland)* oder „Frühling lässt sein blaues Band" *(Eduard Mörike):*
  Welche Gemeinsamkeiten lassen sich finden?

- Warum, glaubst du, wiederholt Catull **iam**? (Vgl. c. 38, ACTIVA ET CONTEMPLATIVA, Anapher)

- Catull war mit dem Statthalter Memmius in Bithynien. Dessen Amtsjahr war zu Ende gegangen, daher stand Catull nun vor der **Heimreise**. Die **cohors** des Memmius nahm aber **nicht denselben Rückweg**, weil Catull noch berühmte Städte Asiens besuchte. Belege diese Aussagen mit Zitaten aus dem Gedicht!

- **Verba incohativa** erkennt man am Suffix **-sc-**. Mit dieser Silbe wird der Beginn einer Handlung gekennzeichnet.
  Suche die beiden Verba incohativa des Gedichtes und vergleiche sie mit der Grundform des Verbums:
  z. B. arde**sc**o 3, arsi, –: entbrennen, in Brand geraten
  ardeo 2, arsi, arsum: brennen, in Brand stehen

Dakota Butterflies: Pholisora catullus

Mein liebster Iuventius!

Mellitos[1] oculos tuos, Iuventi[2],
si quis me sinat[3] usque basiare,
usque ad milia basiem trecenta,
nec – numquam! – videar satur[4] futurus,
5   non si densior[5] aridis[6] aristis[7]
sit nostrae seges[8] osculationis[9].

■ ❑ ■ ❑ ❑ ■ ❑ ■ ❑ ■ ❑ (Hendekasyllabus)
Mel li tos o cul os tu os Iu ven ti

[1] **mellitus, -a, -um:** süß
[2] **Iuventius, -i** *m.:* Iuventius *(Freund des Catull)*
[3] **sino 3,** sivi, situm: lassen
[4] **satur, -ura, -urum:** satt
[5] **densus, -a, -um:** dicht
[6] **aridus, -a, -um:** reif
[7] **arista, -ae** *f.:* Ähre
[8] **seges, segetis** *f.:* Saat
[9] **osculatio, osculationis** *f.:* das Küssen

René Magritte, „Die Liebenden"

VOCABULARIUM

trecenti, -ae, -a   dreihundert

ACTIVA ET CONTEMPLATIVA

- Aus **wie vielen Sätzen** besteht das Gedicht?

- Beachte den **Aufbau** des Gedichtes:

Konditionalsatz	Hauptsatz	Hauptsatz	Konditionalsatz

Wie heißt so eine Anordnung?

- **An wen** ist das Gedicht gerichtet? **Wer** soll die Erlaubnis zum Küssen geben?

*Ein **Mann** sehnt sich nach einem anderen **Mann**. Catull war der erste römische Dichter, der offen über seine Sehnsucht schrieb. Die Antike hatte zur **Homosexualität** eine offenere Einstellung, auch wenn sie in Rom nicht die gleiche Akzeptanz hatte wie in Griechenland.*

Zwei Athleten (griechische Vasenmalerei)

- **Vergleiche** dieses Gedicht mit **carmen 5** und **carmen 7**:
Welche **Gemeinsamkeiten** gibt es? Welche **Querverweise**?
Betrachte, wie die **Zahlen** (Menge der Küsse) formuliert werden.
Welche Rolle spielen die „**senes**"?

Cicero

Disertissime[1] Romuli[2] nepotum,
quot sunt quotque fuere, Marce Tulli[3],
quotque post[4] aliis erunt in annis,
gratias tibi maximas Catullus
5   agit, pessimus omnium poeta,
tanto pessimus omnium poeta,
quanto tu optimus omnium patronus[5].

■ ❑ ■ ❑ ❑ ■ ❑ ■ ❑ ■ ❑   (Hendekasyllabus)
Di sert is   si me Ro mu li ne po tum

[1] **disertus, -a, -um:** redegewandt
[2] **Romulus, -i** *m.:* Romulus
[3] **Marcus Tullius Cicero**
[4] **post = postea:** danach
[5] **patronus, -i** *m.:* Verteidiger

Cicero (Rom, Capitolinisches Museum)

VOCABULARIUM

nepos, nepotis *m.*	Nachkomme	**poeta**, -ae *m.*	Dichter
quot	wie viele	**tanto ... quanto**	mit gleichem
pessimus, -a, -um	schlechtester		Abstand ... wie

ACTIVA ET CONTEMPLATIVA

- Mit welchen überschwänglichen Umschreibungen spricht Catull den Redner, Philosophen und Politiker **Cicero** an?

- Was wirkt auf den ersten Blick formal **ähnlich**, ist aber inhaltlich ein **Gegensatz**?

- Ciceros ablehnende Haltung Catull gegenüber war bekannt, daher bezeichnete sich Catull auch selbst als **pessimus omnium poeta.**
  In welches Licht setzte sich aber Catull, wenn man den letzten Vergleich **pessimus – optimus** betrachtet?

- Warum **dankt** Catull Cicero so überschwänglich?

Im Thornton Wilders Briefroman „**Die Iden des März**" schreibt **Cicero** an seinen Freund Atticus:

> *„Ich kenne den jungen Mann bereits einige Zeit, und eins der Gedichte ist sogar an mich gerichtet. Dieses Gedicht kenne ich seit einem Jahr, aber, bei den Göttern! ich weiß nicht recht, ob es in Bewunderung oder im Spott an mich gerichtet ist. Ich bin schon dankbar, dass er mich nicht einen Kuppler oder einen Langfinger nennt – scherzhafte Beinamen, denen wenige seiner Freunde entgehen."*

patronus, -i *m.*: *Schutzherr, Schirmherr, Verteidiger, Vertreter*
Heute versteht man unter **Patron:**
- *Schutzheiliger einer Kirche oder einer Berufsgruppe*
- *Inhaber eines kirchlichen Patronats*
- *Gönner*
- *Schiffs-, Handelsherr*
- *Übler Bursche, Kerl (abwertend)*
- *Inhaber eines Geschäftes, einer Gaststätte*

(Kytzler – Redemund: Unser tägliches Latein. Lexikon des lateinischen Spracherbes, Verlag Philipp v. Zabern, Mainz 1992)

Auch eine Art von Liebeskummer

Hesterno[1], Licini[2], die otiosi[3]
multum lusimus[4] in meis tabellis[5],
ut convenerat[6] esse delicatos[7].
Scribens versiculos[8] uterque nostrum[9]
5　　ludebat numero modo hoc modo illoc[10],
reddens mutua per iocum[11] atque vinum.
Atque illinc[12] abii[13] tuo lepore[14]
incensus, Licini, facetiisque[15],
ut nec me miserum cibus[16] iuvaret[17]
10　　nec somnus[18] tegeret quiete[19] ocellos,
sed toto indomitus furore lecto
versarer cupiens videre lucem,
ut tecum loquerer simulque ut essem.

(Fortsetzung auf S. 50)

■　❑　■　❑　❑　■　❑　■　❑　■　❑　(Hendekasyllabus)
Hes ter **no** Li ci **ni** di **o** ti **o** si

[1] **hesternus, -a, -um:** gestrig
[2] **C. Licinius Calvus Macer:** Licinius *(Dichterfreund des Catull)*
[3] **otiosus, -a, -um:** literarisch beschäftigt
[4] auf den Schreibtäfelchen (herum-)spielen *(Wie sich gleich herausstellt, handelt es sich dabei um spielerisches Dichten.)*
[5] **tabellus, -i** *m.:* Schreibtäfelchen
[6] **convenerat:** es war (von uns) beschlossen worden
[7] **delicatus, -a, -um:** ausgelassen
[8] **versiculus, -i** *m.:* Verschen
[9] **nostrum** *(Gen. partitivus zu* **nos***):* von uns;
　uterque nostrum: jeder von uns beiden
[10] *Zwei Übersetzungsvarianten:*
　1. **hoc ... illoc = huc ... illuc:**
　in die eine Richtung ... in die andere Richtung
　2. **hoc ... illoc = hoc ... illo:**
　mit diesem (Versmaß) ... mit jenem (Versmaß)
[11] **iocus, -i** *m.:* Scherz
[12] **illinc:** von dort
[13] **abeo, -is, -ire, -ii, -itum:** weggehen
[14] **lepos,** leporis *m.:* feiner Humor
[15] **facetiae, -arum** *f. Pl.:* witzige Einfälle
[16] **cibus, -i** *m.:* Essen
[17] **iuvat:** es freut
[18] **somnus, -i** *m.:* Schlaf
[19] **quietus, -a, -um:** ruhig

Giorgio de Chirico, „Das Lied der Liebe"

VOCABULARIUM

ludo 3, lusi, lusum	spielen	**indomitus**, -a, -um	wild
numerus, -i *m.*	Versmaß	**furor**, furoris *m.*	Raserei
modo … modo	bald … bald	**lectus**, -i *m.*	Bett
mutua reddere	erwidern	**versor** 1	sich wälzen
per (+ *Akk.*)	bei	**cupiens** (*Gen.:* cupientis)	voll Begierde
tego 3, texi, tectum	bedecken		

ACTIVA ET CONTEMPLATIVA

- Das Gedicht lässt sich in **vier Abschnitte** gliedern. Fasse den Inhalt der Abschnitte kurz zusammen:

 Verse 1–6

Verse 7–13

 Verse 14–17

 Verse 18–21

- Das Gedicht kann auch zeitlich in **Tag** und **Nacht** gegliedert werden.

 Tag — Verse …

 Nacht — Verse …

- **Liebeskummer** ist ein zu allen Zeiten aktuelles Thema. Ganz gleich, für wen man ihn empfindet, er tut weh. Bücher, Zeitschriften und Illustrierte sind voll von Ratschlägen, wie man mit Liebeskummer umgehen soll.
Mach dich auf die Suche und sammle Artikel über Liebeskummer!

- Die Illustrierte „Joy", September 1996, brachte unter dem Titel **Wenn's Herz schmerzt …** einen Artikel über Liebeskummer. Es wurde die Theorie aufgestellt, Liebeskummer laufe immer nach vier Phasen ab:
Die große Panik – Die (falsche) Hoffnung – Die Kapitulation – Die Akzeptanz
Was hältst du von dieser Theorie?

Römisches Wachstäfelchen (Pompeji)

At defessa[1] labore membra[2] postquam
15   semimortua[3] lectulo[4] iacebant,
hoc, iucunde, tibi poema feci,
ex quo perspiceres[5] meum dolorem.
Nunc audax[6] cave sis precesque nostras,
oramus[7], cave despuas[8], ocelle,
20   ne poenas Nemesis[9] reposcat[10] a te.
Est vemens[11] dea: laedere hanc caveto[12].

■ ❑ ■ ❑ ❑ ■ ❑ ■ ❑ ■ ❑   (Hendekasyllabus)
at de fes sa la bo re mem bra postquam

[1] **defessus, -a, -um:** müde
[2] **membrum, -i** *n.:* Körperglied; *Pl.:* Glieder
[3] **semimortuus, -a, -um:** halbtot
[4] **lectulus, -i** *m.:* Bettchen
[5] **perspicio 3,** perspexi, -spectum: erkennen
[6] **audax** (*Gen.:* audacis): frech
[7] **oro 1:** bitten
[8] **despuo 3,** – : zurückweisen

[9] **Nemesis,** Nemesis *f.:* Nemesis (*Göttin der gerechten Vergeltung*)
[10] **poenas reposcere:** Strafe verlangen
[11] **vemens = vehemens** (*Gen.:* vehementis): heftig
[12] **caveto:** hüte dich ... ! (*zweite Form des Imperativs*)

Schlafzimmer (Pompeji)

VOCABULARIUM

iaceo 2, iacui, –	liegen	**caveo 2**, cavi,	sich hüten
poema, poematis *n.*	Gedicht	cautum (+ *Konj.*)	(+ *Infinitiv*)
dolor, doloris *m.*	Schmerz	**laedo 3**, laesi, laesum	verletzen

ACTIVA ET CONTEMPLATIVA

- **Catull** und sein Dichterfreund **C. Licinius Calvus Macer** verbrachten einen netten Tag und widmeten sich ihrer Dichtkunst. Nach dem Auseinandergehen aber wendete sich das Blatt und das Gedicht nimmt einen überraschenden Verlauf. Catull wurde von Sehnsucht nach Licinius verzehrt und zeigte alle Anzeichen von Verliebtheit. Welche **Symptome für Verliebtheit** kannst du erkennen?

- Die Anzeichen von **Verliebtsein** sind zeitlos. Lies das folgende Gedicht und vergleiche es mit den Versen Catulls:

> *Ich denke an dich,*
> *du bist plötzlich überall.*
> *Kann weder schlafen noch wachen,*
> *denn alles, was ich tue, was ich sage,*
> 5 *tue und sage ich mit dem Gedanken:*
> *Du.*
> *Es gibt keine Zeit mehr,*
> *nur noch Stunden, bis ich dich wieder hab´.*
> *Ich kann nicht essen und nicht lesen,*
> 10 *kann kaum stehen*
> *ohne dich.*
> *Ich denke an dich,*
> *und kann ganz einfach nichts anderes tun,*
> *an nichts anderes denken.*
> 15 *Ich bin so verschossen in dich*
> *und kenne mich im Spiegel nicht mehr wieder.*
> *Wenn ich bei dir bin,*
> *meine Augen deine Seele streicheln,*
> *wenn ich mein Herz in deine Zärtlichkeit tauch´*
> 20 *und meine Liebe in deine Haut brenne,*
> *wenn ich wieder spüre, wer du bist,*
> *dann bin ich Samt unter deinen Händen.*
> (Julie Wildfeuer, Verliebte Tage, 24 f.)

Göttergleich

Ille mi par esse deo videtur,
ille, si fas est, superare divos,
qui sedens adversus[1] identidem te
    spectat et audit

5   dulce ridentem, misero quod omnis[2]
eripit sensus mihi: nam simul te,
Lesbia, aspexi[3], nihil est super[4] mi
    …[5]

lingua sed torpet[6], tenuis[7] sub artus
10   flamma[8] demanat[9], sonitu[10] suopte[11]
tintinant[12] aures, gemina[13] teguntur
    lumina nocte.

Otium, Catulle, tibi molestum[14] est:
otio exsultas[15] nimiumque gestis[16].
15   Otium et reges prius et beatas
    perdidit urbes.

■ ❏ ■ ❏ ■ ❏ ❏ ■ ❏ ■ ❏
(Hendekasyllabus)
■ ❏ ❏ ■ ❏
(Adoneus)

Ille mi par esse deo videtur,
ille, si fas est, superare divos,
qui sedens adversus identidem te
    spectat et audit
(Sapphische Strophe)

James Pradier, „Sappho"

[1] **adversus** (*Präp. + Akk.*): gegenüber
[2] **omnis = omnes** (*Akk. Pl.*)
[3] **aspicio 3,** aspexi, aspectum: ansehen
[4] **nihil super est** (+ *Gen.*): nichts ist (mehr) übrig/vorhanden (von einer Sache)
[5] *Nicht mehr erhaltene Verszeile (Versuche, sie zu ergänzen!)*
[6] **torpeo 2,** torpui, – : gelähmt sein
[7] **tenuis,** tenue: zart

[8] **flamma,** -ae *f.*: Flamme
[9] **demano 1:** herabfließen
[10] **sonitus,** sonitus *m.*: Klang
[11] **suopte = suo**
[12] **tintino 1:** klingen
[13] **geminus,** -a, -um: beide
[14] **molestus,** -a, -um: lästig
[15] **exsulto 1:** maßlos sein
[16] **gestio 4:** ausgelassen sein

VOCABULARIUM

divus, -i *m.*	Gott	**artus**, artus *m.*	Glieder
sedeo 2, sedi, sessum	sitzen	**tego 3**, texi, tectum	bedecken
identidem	immer wieder	**lumen**, luminis *n.*	Auge
dulce (*Adverb*)	süß	**nox**, noctis *f.*	Nacht
rideo 2, risi, risum	lachen	**otium**, -i *n.*	Muße
miser, -a, -um	unglücklich	**nimium**	allzu
eripio 3, eripui, ereptum	rauben	**prius** (*Adverb*)	früher
sensus, sensus *m.*	Sinn	**beatus**, -a, -um	glücklich
simul	sobald	**perdo 3**,	zugrunde
nihil	nichts	perdidi, -ditum	richten
super (*Adverb*)	über	**urbs**, urbis *f.*	Stadt
lingua, -ae *f.*	Zunge		

ACTIVA ET CONTEMPLATIVA

*Dieses Gedicht ist im Versmaß der **sapphischen Strophe** geschrieben. Das ist eine Hommage an die große Dichterin **Sappho**, die um 600 v. Chr. auf der Insel Lesbos lebte. (Siehe auch Catull, Addita, S. 81)*

- Mit stark gefühlsbetonten Worten zeigt uns **Catull** seine **Liebe** und seine **Eifersucht**. Versetz dich in seine Lage: Du bist sehr verliebt und sitzt deinem Schwarm gegenüber, der aber jemanden anderen anlächelt.
  Was spielt sich in dir ab und in welchen körperlichen Symptomen äußert sich dein aufgewühltes Inneres?

- **Lächeln** und **Lachen** gehören seit jeher zum Repertoire des Verführens und Flirtens, wie Karl-Wilhelm Weeber in seinem Buch „Flirten wie die alten Römer" (S.121) zeigt:
  *„Kein Wunder, dass auch Ovid detaillierte Ratschläge zum richtigen **ridere** erteilt! Auch er warnt vor lautem Gelächter, bei dem sich das Gesicht fratzenhaft verzieht, oder anderen Fehlformen des Lachens wie etwa der pausenlosen Lachkanonade, die zwar das Zwerchfell erschüttert, aber mit Erotik so gar nichts zu tun hat.*
  *Nein, leicht und weiblich soll das **ridere** klingen, und der Mund soll dabei nur mäßig geöffnet sein. Grübchen mögen sich dabei bilden und die Lippen sollen einen Teil der Zähne noch bedecken. "*

- Die **vierte Strophe** wirkt auf den ersten Blick vom restlichen Gedicht abgesetzt.
  Was ist das **zentrale Wort** der letzten Strophe?
  Wann kommst du auf **„dumme" Gedanken**?

Sappho und Alkaios (griechische Vasenmalerei)

Werner Beinhart

Num te leaena[1] montibus Libytinis[2]
aut Scylla[3] latrans[4] infima[5] inguinum[6] parte
tam mente dura[7] procreavit[8] ac taetra[9],
ut supplicis[10] vocem in novissimo casu[11]
5   contemptam[12] haberes, a[13], nimis fero[14] corde[15]?

❏ ■ ❏ ■ ❏ ■ ❏ ■ ❏ ■ ■ ❏   (Hinkiambus)
Num te le **ae** na **mon** ti **bus** Li **bys** ti nis

[1] **leaena,** -ae *f.:* Löwin
[2] **Libytinus,** -a, -um: libysch *(Libyen in Nordafrika)*
[3] **Scyllae,** -ae *f.:* Scylla
[4] **latro 1:** bellen
[5] **infimus,** -a, -um: der, die, das Tiefste
[6] **inguina,** inguinum *n. Pl.:* (weiblicher) Schoß
[7] **durus,** -a, -um: hart
[8] **procreo 1:** hervorbringen
[9] **taeter,** -tra, -trum: abstoßend
[10] **supplex** *(Gen.:* supplicis): flehentlich
[11] **novissimus casus:** äußerste Not
[12] **vocem contemptam habere:** etwas verachten
[13] **a:** ach!
[14] **ferus,** -a, -um: hart
[15] **cor,** cordis *n.:* Herz

*Zeichnerische
Rekonstruktion
der
Skylla-Gruppe
von Sperlonga*

ACTIVA ET CONTEMPLATIVA

Catull verrät uns nicht, wen er in diesem Gedicht anspricht. Es könnte **Lesbia** sein, die seine Liebe abweist, oder Gott **Amor** selbst.

- Wie beschreibt Catull den **Adressaten**?
- Wie beschreibt Catull den **Sprecher**?
- Anna Elissa Radke hat Catull ins Weibliche und ins Deutsche übersetzt. Das *carmen 60* finden wir sogar in zwei Fassungen.
  Vergleiche die beiden Fassungen miteinander!

Das war bestimmt ein böser Genchirurg,	Aus Glas und Stahlbeton
der im Retortenglas, Homunkulus,	war sicher das Katheder, das
die angelegte lichte Offenheit	Seelenverwaltungslehre dir
austauschte gegen Basiliskenaugen	vermittelte,
5 und graues Haifischchromosom,	5 dass du den Notfall
dass du so ungerührt	(so perfekt analysiert!)
den Notschrei registrierst,	gleich unter „B" wie
mein armes Herz viviezierst –	„Bilanz-Suizidale")
ach, deines ist in Liebesdingen	routinemäßig abgeheftet und
10 Analphabet – doch vielleicht bildbar…	10 administrative Maßnahmen
	(streng nach Vorschrift!)
	unverzüglich eingeleitet hast,
	ach, warum liegt dein Herz
	in sieben Eisenbanden?

Scylla war ein Meeresungeheuer, das den Oberkörper einer Frau und den Unterleib eines Fisches hatte. Ihr Bauch war von sechs Wölfen umgürtet. Ihr gegenüber war die **Charybdis**, ein Strudel, der dreimal am Tag das Meer einsaugte und wieder ausspie. Der Weg zwischen Scylla und Charybdis war ein Weg zwischen zwei Scheusalen. Nur Odysseus schaffte es mit Hilfe der Zauberin Circe, dieser Gefahr zu entkommen.
Scylla und Charybdis wurden schon in der Antike zum Sprichwort:
Incidit in Scyllam, qui vult vitare Charybdim. Wer der Charybdis ausweichen will, stößt auf die Scylla.
Das Sprichwort versinnbildlicht das **Dilemma**, in dem wir Menschen uns befinden können. Was immer wir tun, es ist falsch.
Dabei war **Scylla** einst, bevor sie mit ihren grausigen Raubtierschädeln vorüberfahrende Seeleute zermalmte, ein **schönes Mädchen**. Glaucus, ein Fischer, der durch ein wunderbares Kraut in einen weissagenden Meergott verwandelt worden war, verliebte sich in Scylla. Doch Circe, die sich in Glaucus verliebt hatte, verwandelte ihre Konkurrentin in das grässliches Ungeheuer, das später zu Stein wurde.

Wer will mich?

Noli admirari, quare tibi femina nulla,
   Rufe[1], velit tenerum[2] supposuisse[3] femur[4],
non si illam rarae[5] labefactes[6] munere vestis
   aut perluciduli[7] deliciis lapidis[8].
5   Laedit te quaedam mala fabula[9], qua tibi fertur
   valle[10] sub alarum[11] trux[12] habitare[13] caper[14].
Hunc metuunt omnes; nec mirum[15]: nam mala valde[16] est
   bestia[17], nec quicum[18] bella puella cubet.
Quare aut crudelem nasorum interfice pestem
10   aut admirari desine, cur fugiunt.

‾⏑⏑ | ‾⏑⏑ | ‾⏑⏑ | ‾⏑⏑ | ‾⏑⏑ | ‾⏑
‾⏑⏑ | ‾⏑⏑ | ‾ ‖ ‾⏑⏑ | ‾⏑⏑ | ‾   (Elegisches Distichon: Hexámeter + Pentámeter)
Nol ad**mir**ari **qua**re tibi **fe**mina **nul**la
  Rufe **ve**lit tene**rum** ‖ **sup**posu**is**se **fe**mur

[1] **Rufus, -i** *m.:* Rufus
[2] **tener, -era, -erum:** zart
[3] **suppono 3,** supposui, -positum
   darunterlegen
[4] **femur,** femoris *n.:* Schenkel
[5] **rarus, -a, -um:** ausgefallen
[6] **labefacto 1:** ins Wanken bringen
[7] **perlucidulus, -a, -um:** durchsich-
   tig
[8] **lapis,** lapidis *m.:* Edelstein
[9] **fabula, -ae** *f.:* Gerede
[10] **vallis, vallis** *f.:* Tal
[11] **vallis alarum:** Achselhöhle (*wört-
   lich:* Tal der Achseln)
[12] **trux** (*Gen.:* trucis): wild
[13] **habito 1:** wohnen
[14] **caper,** capri *m.:* Ziegenbock
[15] **neque mirum:** kein Wunder
[16] **valde:** sehr
[17] **bestia, -ae** *f.:* wildes Tier
[18] **quicum = quacum** (*auf* bestia be-
   zogen)

René Margritte, „Der Psychologe"

VOCABULARIUM

admiror 1	sich wundern	**metuo 3,** metui, –	fürchten
femina, -ae *f.*	Frau	**cubo 1,** cubui, cubitum	schlafen
munus, muneris *n.*	Geschenk	**crudelis**, crudele	grausam
vestis, vestis *f.*	Kleid	**pestis**, pestis *f.*	Unheil
laedo 3, laesi, laesum	schaden	**desino 3,** desii, -situm	aufhören
fertur	er, sie, es soll		
(+ *Infinitiv*)	(angeblich)		

ACTIVA ET CONTEMPLATIVA

- Versuche die Verse 5 und 6 zeichnerisch darzustellen!

- Vergleiche **Catulls** Verse 3 f. mit folgender Darstellung des Dichters **Ovid**:

Pygmalion, ein Künstler auf Zypern, wollte von Frauen nichts wissen, weil sie angeblich lasterhaft seien. Er verliebte sich aber in eine von ihm geschaffene Elfenbeinstatue, die Venus auf seine Bitte hin lebendig machte.
Pygmalion umwarb die Statue:

...
ornat quoque vestibus artus,
dat digitis gemmas, dat longa monilia collo,
aure leves bacae, redimicula pectore pendent.

(Übersetzung:)
Er schmückt sie auch mit Kleidern,
steckt ihr Edelsteine an die Finger,
legt ihr um den Hals lange Ketten.
Vom Ohr hängen ihr leichte Perlen,
vor der Brust Ketten.
(Ovid, Metamorphosen X, 263 ff.)

- Wie soll man mit ungepflegten Menschen umgehen? Soll man ihnen aus dem Weg gehen oder versuchen, ihnen **direkt** oder mit **Diplomatie** zu helfen?
Wie verhielt sich Catull? Billigst du seine Vorgangsweise?

Pietro Staggio, „Pygmalion und Galatea"

Nichts als Worte

Nulli se dicit mulier mea nubere[1] malle
quam mihi, non si se Iuppiter ipse petat.
Dicit: sed mulier cupido quod dicit amanti,
in vento et rapida[2] scribere oportet[3] aqua.

‿‿ | ‿‿ | ‿‿ | ‿‿ | ‿‿ | ‿
‿‿ | ‿‿ | ‖ ‿‿ | ‿‿ | ‿ (Elegisches Distichon: Hexámeter + Pentámeter)
Nul·li se di·cit mu·li·er me·a nu·be·re mal·le
quam mi·hi, non si se ‖ Iup·pi·ter ip·se pe·tat.

[1] **nubo 3,** nupsi, nupta (+ *Dat.*): (jemandem) das Jawort geben (= heiraten);
   sich (jemandem) hingeben
[2] **rapidus, -a, -um:** reißend
[3] **oportet:** man muss

*Liebesvorspiel
(Wandmalerei
Pompeji)*

VOCABULARIUM

malo, mavis, malle, malui, –	lieber wollen
ventus, -i *m.*	Wind

ACTIVA ET CONTEMPLATIVA

- Welche Worte werden in diesem Epigramm **wiederholt**?

- Ein Epigramm lebt von der **Antithese** (Gegensatz). Was stellte Catull gegenüber?

- Welchen **überraschenden Schluss** hat dieses Epigramm?

Wenn man über Gefühle eines anderen liest oder hört, kann man sich mit ihnen identifizieren oder von ihnen distanzieren. So oder so, wir können uns selbst und unser Verhalten erkennen. Die Zeitgenossen Catulls, also sein Zielpublikum, dachten zwar sicher nicht immer so wie wir heute, aber die Thematik des Dichters ist so zeitlos, dass wir uns trotzdem angesprochen fühlen.

- Kannst du dich mit Catulls Meinung **identifizieren**?

- „**Die klassische Halunkenpostille**": Zwei Dutzend alte griechische und römische Dichter übersetzt, entstaubt und umgehost, dazu „Der neue Salomo", Songs, Lieder und Balladen nach des Predigers Worten, mit Bildern versehen und neu ans Licht gebracht von **Fritz Graßhoff**.

> **Catull: Lesbias Liebesschwüre**
> *Mein Prachtstück sagt, als Ehemann –*
> *der Einzige wär´ ich,*
> *mit dem sie kann.*
> *Da wäre Jupiter persönlich –*
> *an mir gemessen –*
> *geradezu gewöhnlich.*
> *Glaub nichts, Verliebter!*
> *Weiber übertreiben.*
> *Du kannst den Kackschmus*
> *in den Schornstein schreiben.*

Wie setzte **Graßhoff Catulls** Worte um?

- Mache – in der Gruppe oder individuell – eine **moderne Bearbeitung** des Gedichtes.

Worte

Dicebas quondam solum te nosse Catullum,
    Lesbia, nec prae[1] me velle tenere Iovem.
Dilexi tum te non tantum[2], ut vulgus[3] amicam,
    sed pater ut gnatos[4] diligit et generos[5].
Nunc te cognovi: quare etsi[6] impensius[7] uror,
    multo mi tamen es vilior[8] et levior.
Qui[9] potis[10] est? inquis[11]. Quod amantem iniuria talis
    cogit amare magis, sed bene velle minus[12].

‒‿‿ | ‒‿‿ | ‒‿‿ | ‒‿‿ | ‒‿‿ | ‒‿
‒‿‿ | ‒‿‿ | ‒ ‖ ‒‿‿ | ‒‿‿ | ‒ (Elegisches Distichon: Hexámeter + Pentámeter)
Di·ce·**bas** quon·**dam** so·**lum** te **nos**·se Ca·**tul**·lum,
Les·bi·a, **nec** prae **me** ‖ **vel**·le te·**ne**·re Io·**vem**.

[1] **prae** (+ *Abl.*): an Stelle von
[2] **tantum:** nur
[3] **vulgus,** -i *n.:* Volk
[4] **gnatus,** -i *m.:* Kind
[5] **gener,** generi *m.:* Schwie-
    gersohn
[6] **etsi:** auch wenn
[7] **impensius:** heftiger
[8] **vilis,** vile: billig,
    wertlos
[9] **qui:** wie
[10] **potis** *ist hier sächlich
    gebraucht
    (Die ursprüngliche
    Form war* **potis** *für
    alle drei Geschlech-
    ter.)*
[11] **inquis:** sagst du
[12] **minus:** weniger

Liebendes Paar

VOCABULARIUM

novi, novisse (nosse)	kennen	**potis** *oder* **pote**	möglich
diligo 3, dilexi, dilectum	lieben	**magis**	mehr
uro 3, ussi, ustum	*(Passiv:)*	**bene velle** *(alicui)*	(jemanden)
	glühen		schätzen
levis, leve	unbedeutend		

ACTIVA ET CONTEMPLATIVA

LIEBEN

- Was kann **lieben** alles heißen?

- Welche **Bedeutungsunterschiede** sind zu entdecken?

- Wenn man die **Personen** und **Tempora** der Hauptsätze und die **Temporal-adverbien** betrachtet, kann das Gedicht genau zeitlich gegliedert werden.

- Welche Rolle in der **Zweierbeziehung** vertritt Lesbia, welche Catull?

- Schreibe – auf Deutsch – ein **Antwortgedicht** der Lesbia!

Auguste Rodin,
„Fugit amor"

Esel

Lesbia mi praesente[1] viro mala[2] plurima dicit:
    haec illi fatuo[3] maxima laetitia est.
Mule[4], nihil sentis? Si nostri[5] oblita[6] taceret,
    sana[7] esset; nunc quod gannit[8] et obloquitur[9],
5   non solum meminit[10], sed, quae multo acrior est res,
    irata[11] est: hoc est[12], uritur[13] et loquitur.

[1] **praesente viro:** in Gegenwart (ihres) Mannes
[2] **mala, -orum** *n. Pl.:* böse Dinge
[3] **fatuus, -a, -um:** dumm
[4] **mulus, -i** *m.:* (Maul-)Esel
[5] **nostri oblíta:** meiner/mich (=Catull) vergessend
[6] **obliviscor 3,** oblítus sum: vergessen
[7] **sanus, -a, -um:** (geistig) gesund; „in Ordnung"
[8] **gannio 4:** geifern (*eigentlich.:* kläffen)
[9] **obloquor, -loqueris, -loqui,** oblocutus sum: schimpfen
[10] **memini,** meminisse: sich erinnern
[11] **iratus, -a, -um:** zornig
[12] **hoc est:** das heißt
[13] **uritur:** sie glüht (vor Leidenschaft und Zorn)

VOCABULARIUM

plurimi, -ae, -a	sehr viele	**sentio 4,** sensi, sensum	merken
laetitia, -ae *f.*	Freude	**uro 3,** ussi, ustum	*(Passiv:)* glühen

ACTIVA ET CONTEMPLATIVA

*Das Maultier **mulus** und der Esel **asinus** galten in der Antike, wie auch bei uns, in erster Linie als dumm. Daher verwendete man die Bezeichnung **mule** auch gern für **Dummkopf** oder **Tölpel**.*
*Tiernamen als Beschimpfungen zu verwenden ist keine Erfindung der heutigen Zeit. Es war noch nie eine Ehre, als **camelus**, **culex** (Mücke), **maialis** (kastrierter Eber), **milva** (Nebelkrähe), **pedis** (Filzlaus) oder **simia** (Affe) bezeichnet zu werden. (Eine vergnügliche Schimpfwortkunde des Lateinischen bietet uns Gerhard Fink mit seinem Buch **Schimpf und Schande**.)*

Es geht in diesem Gedicht um drei Personen. Wie werden sie beschrieben ?

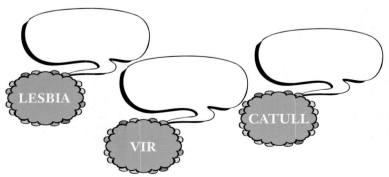

Vornehm geht die Welt zugrunde

„Chommoda[1]" dicebat, si quando[2] „commoda" vellet
    dicere, et „insidias" Arrius[3] „hinsidias",
et tum mirifice[4] sperabat se esse locutum,
    cum, quantum poterat[5], dixerat „hinsidias".
5   Credo, sic mater, sic liber[6] avunculus[7] eius,
    sic maternus[8] avus[9] dixerat atque avia[10].
Hoc misso in Syriam[11] requierant omnibus aures:
    audibant[12] eadem haec[13] leniter[14] et leviter,
nec sibi postilla[15] metuebant talia verba[16],
10   cum subito affertur[17] nuntius horribilis
Ionios fluctus[18], postquam illuc Arrius isset,
    iam non „Ionios" esse, sed „Hionios".

‒⏑⏑ | ‒⏑⏑ | ‒⏑⏑ | ‒⏑⏑ | ‒⏑⏑ | ‒⏑
‒⏑⏑ | ‒⏑⏑ | ‒ ‖ ‒⏑⏑ | ‒⏑⏑ | ‒ (Elegisches Distichon: Hexámeter + Pentámeter)
„**Chom**·mo·da" **di**·ce·**bat**, si **quan**·do[1] „**com**·mo·da" **vel**·let
di·ce·ret „**in**·si·di·**as**" ‖ **Ar**·ri·us[1] „**hin**·si·di·**as**"

[1] „...": *Die in Anführungszeichen stehenden Ausdrücke sind Beispiele für die Aussprache (nicht übersetzen!).*
[2] **quando:** einmal
[3] **Arrius, -i** *m.:* Arrius *(vielleicht ein höherer Beamter)*
[4] **mirificus, -a, -um:** wunderbar
[5] **quantum poterat:** so deutlich er konnte
[6] **liber, -era, -erum:** frei/freigeboren *(Bezieht sich nur auf den Onkel; versuchen die Familienmitglieder vielleicht aus diesem Grund, besonders „vornehm" zu sprechen?)*
[7] **avunculus, -i** *m.:* Onkel *(mütterlicherseits)*
[8] **maternus, -a, -um:** mütterlicher(seits)
[9] **avus, -i** *m.:* Großvater
[10] **avia, -ae** *f.:* Großmutter
[11] **Syria, -ae** *f.:* Syrien
[12] **audibant** = audiebant
[13] **eadem haec:** *ergänze:* **verba**
[14] **lenis, lene:** sanft; **leniter et leviter:** auf sanfte und leichte Weise *(ergänze:* ausgesprochen)
[15] **postilla:** in Hinkunft
[16] **verbum, -i** *n.:* Wort
[17] **affero, -fers, -ferre** = **adfero, -fers, -ferre**
[18] **fluctus, fluctus** *m.:* Flut (**fluctus Ionii:** „die ionischen Fluten" = *Meer zwischen Italien, Sizilien und Griechenland*)

Mumienporträt

VOCABULARIUM

commodum, -i *n.*	Annehmlichkeit	**metuo 3**, metui, –	fürchten
insidiae, -arum *f. Pl.*	Anschlag	**horribilis**, horribile	furchtbar
requiesco 3,	sich erholen	**Ionius**, -a, -um	jonisch
requi(ev)i, -quietum		**illuc**	dorthin
auris, auris *f.*	Ohr		

ACTIVA ET CONTEMPLATIVA

• **Catull** verspottet das „**Feinsein-Wollen**" eines gewissen Arrius.

*H galt lange Zeit nicht als Buchstabe, sondern diente zur **Aspiration** (Behauchung). In gebildeten Kreisen begann man gegen Ende der Republik, Konsonanten in ursprünglich griechischen Wörtern zu aspirieren. Wer gebildet sein wollte, es aber nicht war, wendete diese Behauchung oft an falschen Stellen an.*

Das näselnde/nasalierende Sprechen heutzutage wäre damit vergleichbar. In unserer Zeit entlarvt meist die falsche Aussprache eines englischen oder französischen Wortes oder die Verwechslung von ähnlich klingenden Fremdwörtern die „**Gebildetheit**".

• Schreibt kurze Nachrichten über irgendein von euch gewähltes Thema und verwendet statt des **richtigen Fremdwortes** ein ähnlich klingendes. Tauscht diese Sätze untereinander aus und versucht die Fehler zu erkennen!

• Was gehört alles zum Wortfeld **sprechen**?

Vornehmer Römer

Zwiespalt

Odi[1] et amo. Quare id faciam, fortasse[2] requiris.
Nescio[3] – sed fieri sentio et excrucior.

‾◡◡ | ‾◡◡ | ‾◡◡ | ‾◡◡ | ‾◡◡ | ‾◡
‾◡◡ | ‾◡◡ | ‾ ‖ ‾◡◡ | ‾◡◡ | ‾ (Elegisches Distichon: Hexámeter + Pentámeter)
Od et a·**mo**. Qua·**rid** fa·ci·**am**, for·**tas**·se re·**qui**·ris.
Nes·ci·o, **sed** fi·e·**ri** ‖ **sen**·ti et **ex**·cru·ci·**or**.

[1] **odi,** odisse: hassen
[2] **fortasse:** vielleicht
[3] **nescio 4:** nicht wissen

*Mars und Venus als Liebespaar
(Fresko, Pompeji)*

VOCABULARIUM

amo 1	lieben
requiro 3, requisivi, -quisitum	fragen
excrucio 1	quälen

ACTIVA ET CONTEMPLATIVA

Catull war von **Zwiespalt** erfüllt. Er konnte sich diesem Gefühlszustand nicht entziehen, er musste ihn hinnehmen.

- An wen könnte dieses Gedicht gerichtet sein?

- Welche **Wortart** beherrscht das Epigramm?

- Drei Antithesen stehen im Mittelpunkt des Gedichtes:
  Finde den Gegensatz zu: **odi**
  facio
  nescio

Dieses **Epigramm** gehört zu den schönsten Hinterlassenschaften der römischen Lyrik. Es ist aber eigentlich unübersetzbar, da jeder Übersetzungsversuch den Sinn und die Wirkung des Originals verändert. (Siehe auch Catull, Addita S. 81.)

- Versuche, die ersten drei Worte **odi et amo** in der Intensität und Kürze des lateinischen Originals wiederzugeben.
  Auf welche **Schwierigkeiten** stößt du?

- Vergleicht eure **Übersetzungen** und stellt fest, wo man sich dem Original nicht nähern kann!

- Wie fühlt sich das (lyrische) **Ich** des Epigramms? In welcher Stimmungslage ist es?
  (Beachte die Wortwahl: Im Verbum **excrucio** 1: foltern, martern, quälen, ist das Nomen **crux**, crucis *f.*: Kreuz, enthalten. Das weist auf eine langsame, zum Tod führende Qual hin.)

Die Werbeindustrie, die alle psychologischen Hintergründe unseres Daseins durchleuchtet und ausbeutet, hat sich auch dieses uralten Zwiespaltes angenommen und in Form einer Parfumwerbung geschickt ausgenützt. Am rechten Rand der Seite stehen ***hassen*** *und* ***lieben***. *Erst nach dem Umblättern findet man wieder am rechten Rand die Schlussfolgerung der Marketingindustrie.*

Quintia

Quintia[1] formosa est multis, mihi candida[2], longa,
    recta[3] est. Haec ego sic singula confiteor[4],
totum illud „formosa" nego: nam nulla venustas[5],
    nulla in tam magno est corpore mica[6] salis.
5   Lesbia formosa est, quae cum pulcherrima tota est,
    tum omnibus una omnis[7] subripuit[8] Veneres.

‾◡◡ | ‾◡◡ | ‾◡◡ | ‾◡◡ | ‾◡◡ | ‾◡
‾◡◡ | ‾◡◡ | ‾ ‖ ‾◡◡ | ‾◡◡ | ◡   (Elegisches Distichon: Hexámeter + Pentámeter)
Quin·ti·a **for**·mo·**sast** mul·**tis**, mi·hi **can**·di·da, **lon**·ga,
rec·tast. **Haec** ego **sic** ‖ **sin**·gu·la **con**·fi·te·**or**

[1] **Quintia, -ae** *f.:* Quintia
[2] **candidus, -a, -um:** hübsch (*wörtlich:* glänzend. *Catull spielt vielleicht auf Quintias Make-up an; vgl. dazu die Ausführungen auf der nächsten Seite.*)
[3] **rectus, -a, -um:** gerade
[4] **confiteor 2,** confessus sum: zugestehen
[5] **venustas,** venustatis *f.:* Anmut
[6] **nulla mica salis:** keine Spur von Liebreiz
[7] **omnis = omnes** (*Akk. Pl.*)
[8] **subripio 3,** subripui, -reptum: entziehen

Jacques-Hyacinthe Chevalier,
„Die Toilette der Lesbia"

VOCABULARIUM

formosus, -a, -um	schön	**cum ... tum**	einerseits ...
nego 1	ablehnen		anderseits
sal, salis *m.*	Würze		

ACTIVA ET CONTEMPLATIVA

Das Gedicht rühmt wie carmen 43 **Lesbias Schönheit**. Diesmal wird jedoch nicht eine **puella** mit Negativmerkmalen vorgestellt, sondern Quintia, deren Schönheit Catull nicht leugnet.

- Was gehört alles zum Wortfeld **Schönheit**?
- Was fällt dir an den Ausdrücken **venus**tas und **Veneres** auf?
- Welches **Schönheitsideal** zu Catulls Zeit kann mit carmen 86 und/oder carmen 43 erschlossen werden?
- Was will Catull mit den **Alliterationen** in Vers 1 und Vers 3 ausdrücken?
- Wo verwendet Catull die **Anapher** und was will er damit wohl erreichen?
- Was zeichnet **Lesbia** im Gegensatz zu **Quintia** aus?
- Zählt für Catull nur **äußere Schönheit**?

*Für Frauen, die nicht von Natur aus schön waren, gab es auch schon in der Antike Hilfsmittel. Schminken war bei den Römerinnen sehr beliebt. **Ovid** schrieb über die weibliche Gesichtspflege sogar eine Lehrgedicht.*

*„Grundlage des **Make-ups** bildete ein Puder aus Bleiweiß (cerussa) oder Kreide (creta), das mit Honig oder fetten Substanzen vermischt auf die Haut aufgetragen wurde; darüber legte man **Rouge** (fucus, aus der Lackmusflechte gewonnen, oder purpurissimum, Purpurfarbe): purpurissimo et cerussa faciem depingere, ‚sich das Gesicht mit Purpurfarbe und Bleiweiß anmalen‘, nennt Hieronymus dieses übliche Verfahren (Ep. 108,15; 127,3).*

*Glimmer diente dazu, der Gesichtshaut größeren Glanz zu verleihen; er wurde beim Zermahlen eines graublauen Eisensteins gewonnen. Das **Schwärzen der Wimpern** und das **Nachziehen der Augenbrauen** geschahen mit Hilfe einer besonderen Schminke, der fuligo. **Lidschatten** und **Lidstrich** wurden in Grün oder Blau aufgetragen; manche Frauen schminkten sich auch die Schläfen mit einem zarten Blau (Properz III 8,31 f.)[1]. “*

Frisierszene mit vier Dienerinnen (Relief)

[1] Alltag im alten Rom. Ein Lexikon von Karl-Wilhelm Weeber, Artemis, 1997, S. 241 f.

Vertrauen

Nulla potest mulier tantum se dicere amatam
    vere[1], quantum a me, Lesbia, amata mea es;
nulla fides ullo fuit umquam foedere tanta,
    quanta in amore tuo[2] ex parte reperta[3] mea est.

‒◡◡ | ‒◡◡ | ‒◡◡ | ‒◡◡ | ‒◡◡ | ‒◡
‒◡◡ | ‒◡◡ | ‒ ‖ ‒◡◡ | ‒◡◡ | ◡ (Elegisches Distichon: Hexámeter + Pentámeter)
Nul·la po·**test** mu·li·**er** tan·**tum** se **di**·cer a·**ma**·tam
  ve·re[1], **quant** a **me**, ‖ **Les**·bi, a·**ma**·ta me·**as**;

[1] **vere:** wahrhaft
[2] **amor tuus:** Liebe zu dir
[3] **reperio 4,** repperi, repertum: finden

Die Turmstube ist dunkel.
Aber sie leuchten sich ins Gesicht mit ihrem Lächeln. Sie tasten vor sich her wie Blinde und finden den Anderen wie eine Tür. Fast wie Kinder, die sich vor der Nacht ängstigen, drängen sie sich in einander ein. Und doch fürchten sie sich nicht. Da ist nichts, was gegen sie wäre: kein Gestern, kein Morgen; denn die Zeit ist eingestürzt. Und sie blühen aus ihren Trümmern.

Er fragt nicht: „Dein Gemahl?"
Sie fragt nicht: „Dein Namen?"
Sie haben sich ja gefunden, um einander ein neues Geschlecht zu sein.
Sie werden sich hundert neue Namen geben und einander alle wieder abnehmen, leise, wie man einen Ohrring abnimmt.

(Rainer Maria Rilke: Die Weise von Liebe und Tod des Cornets Christoph Rilke, Insel Verlag, S. 27)

Liebesszene (Fußbodenmosaik, Pompeji)

VOCABULARIUM

umquam	jemals	**foedus,**	Bündnis
ullus, -a, -um	irgendein	foederis *n.*	

ACTIVA ET CONTEMPLATIVA

- **Catull** wiederholte in diesem Gedicht einige Worte. Warum tat er das?

- Das Gedicht zeigt in zwei **parallel** gebauten Sätzen Catulls Liebe zu Lesbia.
  Welche Unterschiede bestehen trotz der Parallelität zwischen dem ersten und dem zweiten Satz? (Beachte die Tempora!)

- **Bündnisse** und **Verträge** waren den Römern sehr wichtig.
  Das Wort **foedus** ist auch in unserem Wortschatz sehr oft vertreten:

föderativ   föderalisieren

föderal   Föderalismus

FOEDUS   Föderierte

föderieren   Konföderation

Föderat   Föderation

Römer beim Vertragsstudium (Relief)

Schimpfen

Lesbia mi dicit semper male[1] nec tacet umquam
de me: Lesbia me dispeream[2] nisi amat.
Quo signo[3]? Quia sunt totidem[4] mea: deprecor[5] illam
assidue, verum dispeream nisi amo.

‿‿ | ‿‿ | ‿‿ | ‿‿ | ‿‿ | ‿
‿‿ | ‿‿ | ‿ ‖ ‿‿ | ‿‿ | ‿ (Elegisches Distichon: Hexámeter + Pentámeter)
Les·bi·a **mi** di·cit **sem**·per **ma**·le **nec** tacet **um**·quam
de me: **Les**·bi·a **me** ‖ **dis**·pe·re·**am** nis a·**mat**.

[1] **male dicere alicui:** über jemanden schlecht reden
[2] *Ordne:* Dispeream, nisi Lesbia me amat. *(Vgl. unser „Ich will einen Besen fressen" etc.)*
[3] An welchem Zeichen *(ergänze:* kann man das erkennen?)
[4] **tótidem:** ebenso vielen *(ergänze:* **signa)**
[5] **deprecor 1:** verwünschen

Egon Schiele, „Die Hämische"

VOCABULARIUM

umquam	jemals	**assidue**	stets
dispereo, -is, -ire, disperii, –	zugrunde gehen	**verum**	aber

ACTIVA ET CONTEMPLATIVA

Lesbias und **Catull**s Verhalten decken sich.
* Was macht **Lesbia** und was bedeutet ihr Tun?
* Was macht **Catull** und was bedeutet sein Tun?
* Wie hilft dir die Sprache, die **Parallelität** der Handlungen herauszufinden?

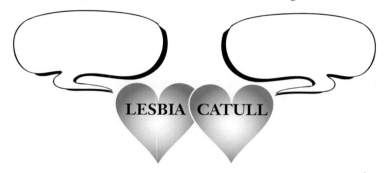

* Erarbeite mit Hilfe des Wörterbuches den Unterschied zwischen **perire** und **disperire**.
* In unserem „täglichen Latein" verwenden wir die Vorsilbe **dis-** sehr häufig. Was fällt dir noch ein?

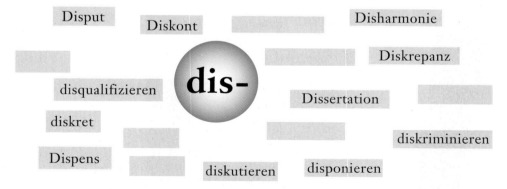

Cäsar

Nil[1] nimium studeo, Caesar, tibi velle placere
nec[2] scire utrum[3] sis albus[4] an ater[5] homo.

‒⏑⏑ | ‒⏑⏑ | ‒⏑⏑ | ‒⏑⏑ | ‒⏑⏑ | ‒⏑
‒⏑⏑ | ‒⏑⏑ | ‒ ‖ ‒⏑⏑ | ‒⏑⏑ | ‒ (Elegisches Distichon: Hexámeter + Pentámeter)

Nil ni·mi·**um** stu·de·**o** Cae·**sar** ti·bi **vel**·le pla·**ce**·re
  nec scir **u**·trum **sis** ‖ **al**·bus an **a**·ter ho·**mo**

[1] **nil = non**
[2] **nec:** *ergänze:* **nimium studeo**
[3] **utrum ... an:** ob ... oder
[4] **albus,** -a, -um: weiß
[5] **ater,** atra, atrum: schwarz

Cäsar (Münzporträt)

VOCABULARIUM

nimium   allzu sehr

ACTIVA ET CONTEMPLATIVA

Catull verstand es sehr gut, spitzzüngig zu verletzen, wobei er auch vor politischen Größen nicht Halt machte. Dieses Epigramm verletzt nicht durch scharfe Ausdrücke, sondern durch absolutes Desinteresse an Cäsars Persönlichkeit.

* Wie zeigt uns Catull, dass **Cäsar** ihm gleichgültig war?

Thorton Wilder lässt in seinem Briefroman „**Die Iden des März**" **Cäsar** an einen Freund schreiben, S.51:

> *„Aber warum sollte Catullus mich hassen? Können große Dichter Entrüstungen aus Ge-*
> *fühlen erzeugen, die sie sich aus alten Lehrbüchern geholt haben? Sind große Dichter un-*
> *verständig in allem außer der Poesie? Können sie sich ihre Meinungen nach den Tischge-*
> *sprächen im Aemilianischen Spiel- und Schwimmklub bilden?*
> *Ich gestehe, mein lieber Freund, dass ich über eine Schwäche erstaunt bin, die ich in mir er-*
> *wachen fühle, eine betörende Schwäche. Oh, von einem Menschen wie Catullus verstanden*
> *zu werden! Gefeiert zu werden von ihm in Versen, die nicht so bald vergessen wären!"*

Ebenso findet man in diesem Briefroman einen fingierten Brief **Catull**s an **Clodia** (=Lesbia), S. 76 f.:

> *„Du und dein Cäsar, Ihr seid in diese*
> *Welt gekommen, um uns dies zu lehren:*
> *du, dass Liebe und Schönheit der Gestalt*
> *Täuschung sind; er, dass auch in den*
> *äußersten Reichweiten des Geistes nur die*
> *Lust am Ich zu finden ist."*

* Wie sieht Thornton Wilder die Beziehung **Cäsar – Catull**?

> *Der Ausdruck **Invektive** geht auf das*
> *Deponens **invehi** zurück und bedeutet*
> *eine persönliche oder politische Schmäh-*
> *rede oder Schmähschrift. Ein Meister der*
> *Invektive war Catull.*

THORNTON WILDER
DIE IDEN DES MÄRZ
ROMAN ✦ FISCHER

Bruder

Multas per gentes et multa per aequora vectus[1]
   advenio[2] has miseras, frater, ad inferias,
ut te postremo donarem munere mortis[3]
   et mutam nequiquam alloquerer[4] cinerem[5],
5   quandoquidem[6] fortuna[7] mihi tete[8] abstulit,
   heu[9] miser indigne[10] frater adempte[11] mihi.
Nunc tamen interea haec, prisco quae more parentum
   tradita sunt tristi munere ad inferias,
accipe fraterno multum[12] manantia[13] fletu[14]
10   atque in perpetuum, frater, ave atque vale.

$\stackrel{-}{}\cup\cup \mid \stackrel{-}{}\cup\cup \mid \stackrel{-}{}\cup\cup \mid \stackrel{-}{}\cup\cup \mid \stackrel{-}{}\cup\cup \mid \stackrel{-}{}\cup$

$\stackrel{-}{}\cup\cup \mid \stackrel{-}{}\cup\cup \mid \stackrel{-}{}\parallel \stackrel{-}{}\cup\cup \mid \stackrel{-}{}\cup\cup \mid \stackrel{-}{}$ (Elegisches Distichon: Hexámeter + Pentámeter)

Mul·tas **per** gen·**tes** et **mul**·ta per **ae**·quo·ra **vec**·tus
  ad·ve·n·i **has** mi·se·**ras**, ‖ **fra**·ter, ad **in**·fe·ri·**as**,

[1] **vehor,** véheris, vehi, vectus sum: fahren
[2] **advenio 4,** adveni, -ventum: kommen
[3] *Genitivus obiectivus* („in Bezug auf" den Tod)
[4] **álloquor,** alloqueris,
álloqui, allocutus sum:
ansprechen
[5] **cinis,** cineris *m./f.:*
Asche
[6] **quandoquidem:** da
nun einmal
[7] **fortuna,** -ae *f.:* Schick-
sal
[8] **tete = te**
[9] **heu:** ach
[10] **indignus,** -a, -um: un–
verdient
[11] **adimo 3,** ademi,
ademptum: entreißen
[12] **multum** (*Adv.*): stark
(= viel, sehr)
[13] **mano 1:** triefen
[14] **fletus,** fletus *m.:* das
Weinen

Trauergemeinde
(griechische Vasenmalerei)

VOCABULARIUM

aequor, aequoris *n.*	Meer	**aufero**, -fers, -ferre,	rauben
inferiae, -arum *f. Pl.*	Totenopfer	abstuli, ablatum	
munus, muneris *n.*	Erfüllung der	**priscus**, -a, -um	altehrwürdig
	Pflicht	**tristis**, triste	traurig
mutus, -a, -um	stumm	**fraternus**, -a, -um	des Bruders
nequiquam	umsonst	**perpetuus**, -a, -um	ewig
		ave!	sei gegrüßt!

ACTIVA ET CONTEMPLATIVA

Catull trauerte am Grab seines Bruders, das weit entfernt von Rom in Kleinasien lag. Er wusste, dass es das erste und das letzte Mal war, dass er am Grab des Bruders stehen konnte.

• Wie kannst du die **weite Entfernung** zwischen Rom und dem Grab auch sprachlich erkennen?

• Unterstreiche im Gedicht alle Ausdrücke, die mit **Tod** und **Trauer** zu tun haben!

• Glaubte Catull an ein **Weiterleben der Toten**?

*Wie es bei uns üblich ist, zu **Allerheiligen** und **Allerseelen** die Gräber der Verstorbenen zu besuchen und zu schmücken, so gab es auch in der Antike Totengedenktage.*
*Am 21. Februar, am Festtag der **Feralia,** brachte man den Toten ein Speisenopfer ans Grab, zur Erinnerung an den Leichenschmaus, der neun Tage nach der Bestattung stattfand. Dabei opferte man nicht nur den Toten, sondern speiste auch gemeinsam am Grab.*
*Anfang Mai fanden die **Lemuria**-Festtage statt. Um die Lemuren, die Totengeister, zu vertreiben, warf der **pater familias** schwarze Bohnen hinter sich und rief die Formel: **Manes exite paterni!** Mit dieser fast exorzistischen Vorgangsweise wollte man die Toten dazu bringen, in ihre Gräber zurückzukehren.*
*Beim Rosenfest, **Rosalia**, schmückte man die Gräber mit Rosen.*

Stilmittel und Versmaße

Der Dichter Catull war bemüht, seine Gedichte aussagestark, schön und wirkungsvoll zu gestalten. Dabei halfen ihm rhetorische **Stilmittel.**

✔ **Alliteration** *(lateinisch: ad litteram: zum Buchstaben)*: Benachbarte Wörter beginnen mit dem gleichen Laut:
tuae, Lesbia, **s**int **s**atis **s**uperque (c.7, 2)

✔ **Anapher** *(griechisch: anaphora: Wiederholung)*: Aufeinander folgende Sätze oder Satzglieder beginnen mit dem gleichen Wort:
ille mi par esse deo videtur,
ille, si fas est, superare divos (c. 51, 1 f.)

✔ **Antithese** *(griechisch: Gegenüberstellung)*: Gegensätzliches wird gegenübergestellt:
... cum orator **excitat fletum,**
renidet ille ... (c. 39, 3 f.)

✔ **Asyndeton** *(griechisch: Unverbundenes)*: Zwischen Wörtern und Sätzen fehlen Konjunktionen, sie stehen unverbunden nebeneinander:
sed obstinata mente **perfer, obdura** ... (c .8, 11)

✔ **Chiasmus** *(griechisch: Gestalt eines X, des griechischen Buchstabens Chi)*: Der griechische Buchstabe X entspricht der Überkreuzstellung von einander entsprechenden Elementen (a b b a):
nec **te requiret** nec **rogabit invitam** (c. 8, 13)
    a   b   b   a
(Akkusativobjekt   Verb   Verb   Akkusativobjekt)

✔ **Figura etymologica** *(griechisch: etymologia: Lehre von der Bedeutung der Wörter)*: Verb und Substantiv vom gleichen Stamm werden verbunden:
tam te **basia** multa **basiare** (c. 7, 9)

✔ **Hendiadyoin** *(griechisch: eins durch zwei)*: Zwei Ausdrücke geben einen Gedanken oder Begriff wieder:
facit **delicias libidinesque** (c. 45, 24)

✔ **Homoioteleuton** *(griechisch: gleich endend)*: Zwei oder mehrere Wörter enden gleich:
quem basia**bis**? quem labella morde**bis**? (c.8, 18)

✔ **Hyberbaton** *(griechisch: Übersteigendes)*: Zusammengehöriges steht getrennt voneinander:
o quid **solutis** est beatius **curis** (c. 31, 7)

✔ **Klimax** *(griechisch: Leiter)*: Der Ausdruck wird durch stufenweise Verstärkung gesteigert:
ille mi **par esse deo** videtur,
ille, si fas est, **superare divos** (c. 51, 1 f.)

✔ **Litotes** (*griechisch: Einfachheit*): Positives wird durch die Verneinung seines Gegenteils ausgedrückt:
... **nec** puella nolebat (c. 8, 7)

✔ **Metapher** (*griechisch: Übertragung*): Ein Wort wird im übertragenen Sinn verwendet:
mule, nihil sentis (c. 83, 3)

✔ **Metonymie** (*griechisch: Umbenennung*): Begriffe, die in einem realen Zusammenhang stehen, werden vertauscht:
gemina teguntur **lumina** nocte (c. 51, 11 f.)

✔ **Parallelismus** (*griechisch: gleichlaufend*): Zwei entsprechende Wörter oder Satzglieder werden parallel angeordnet (abab):
quae **tu volebas** nec **puella nolebat** (c. 8, 7)
　　　 a　　b　　　　a　　　　b

✔ **Polysyndeton** (*griechisch: vielfache Verbindung*): Wörter werden durch mehrere Konjunktionen verbunden:
et vino **et** sale **et** omnibus cachinnis (c. 13, 5)

✔ **Rhetorische Frage** : Es wird keine Antwort erwartet, weil sie in der Frage schon enthalten ist:
quo signo? (c. 92, 3)

So vielfältig wie die Themen der **carmina** sind auch die **Versmaße**, die Catull in der ersten Hälfte seines Werkes (c. 1–64) verwendete.
Die zweite Hälfte (c. 65–c. 116) ist vom elegischen Distichon geprägt.
Um das Lesen der verschiedenen Versmaße zu erleichtern, sind nach jedem **carmen** das Versmaß und eine Lesehilfe angefügt. Bei Versmaßen mit starrem Betonungsschema stehen einfachheitshalber die schwarzen Kästchen (■) für betonte, die weißen (□) für unbetonte Silben. Bei Hexámeter und Pentámeter wird das Versmaß jedoch in der üblichen Form symbolisiert (vgl. unten).

⇨ **Elegisches Distichon**:
Es besteht aus Hexameter und Pentameter.
Der **Hexameter** besteht aus sechs Metren, fünf Daktylen (–⏑⏑) und einem zweisilbigen Metrum (–⏒), bei dem die erste Silbe lang und betont ist; die zweite, unbetonte Silbe kann lang (–) oder kurz (⏑) sein (= **syllaba anceps**). In den ersten vier Daktylen können die Doppelkürzen auch durch eine unbetonte Länge ersetzt werden. Diese Kombination aus betonter und unbetonter Länge heißt **Spondéus** (––).
Der **Pentameter** ist ein Fünfmaß, hat aber trotzdem sechs betonte Stellen. Er besteht aus zwei gleichen Hälften, hat immer eine Pause, und nur in der ersten Hälfte können die Daktylen (–⏑⏑) durch Spondeen (––) ersetzt werden.

$$–⏑⏑\,|\,–⏑⏑\,|\,–⏑⏑\,|\,–⏑⏑\,|\,–⏑⏑\,|\,–⏑$$
$$–⏑⏑\,|\,–⏑⏑\,|\,–\,||\,–⏑⏑\,|\,–⏑⏑\,|\,⏑$$

Nol·ad·**mi**·ra·**ri** qua·**re** ti·bi **fe**·mi·na **nul**·la
　Ru·fe ve·**lit** te·ne·**rum** || **sup**·po·su·**is**·se fe·**mur** (c. 69, 1 f.)

➡ **Hendekasyllabus (Phaläkeischer Elfsilbler)**: Der Elfsilbler besteht aus elf Silben; die letzte Silbe ist lang oder kurz (= **anceps**).

■　□　■　□　□　■　□　■　□　■　□　　(Hendekasyllabus)
cui　do·　no　le · pi · dum　no· vum　li · bel · lum

➡ **Hinkiambus**: Er besteht aus Jamben ($\cup\,\underline{\,}$), aber das letzte Metrum „hinkt", weil sich der Rhythmus am Schluss durch den Wechsel vom Jambus ($\cup\,\underline{\,}$) zum Trocheus ($\underline{\,}\,\cup$) oder Spondeus ($\underline{\,}\,-$) ändert.

□　■　□　■　□　■　□　■　□　■　□
Mi·ser　Ca · tul · le　de · si · nas　in · ep · ti · re (c. 8, 1)

➡ **Jambischer Trimeter**: Zwei Iamben ($\cup\,\underline{\,}$) werden zu einem Metrum zusammgefasst ($\cup\,\underline{\,}\cup\,\underline{\,}$), das dreimal wiederholt wird. Daher stammt der Name Trimeter (Dreimaß).

□　■　□　■　□　■　□　■　□　■　□　■
Quid　est, Ca · tul · le? **Quid**　mo · ra · ris　e · mo · ri? (c. 52)

➡ **Sapphische Strophe**: Drei Hendekasyllabi und ein sogenannter Adoneus bilden eine Strophe, die nach der griechischen Dichterin Sappho benannt wird.

■　□　■　□　□　■　□　■　□　■　□　　(Hendekasyllabus)
■　□　□　■　□　　　　　　　　　　　(Adoneus)

Il·le mi par es·se de·o vi·de·tur,
il·le, si fas est, su·pe·ra·re di·vos,
qui se·dens ad·ver·sus i·den·ti·dem te
　　spec·tat et au·dit

Worauf muss man beim **Verslesen** noch aufpassen?

❖ Treffen ein auslautender und ein anlautender Vokal aufeinander (= **Hiat**), wird der erste „ausgestoßen" (= **Elision**). Pass auf, das gilt auch bei auslautendem m und anlautendem h.
div(um) ad fallendos numin(e) abus(um h)omines (c. 76, 4)

❖ Ist das zweite Wort **es** oder **est**, wird das **e** unterdrückt (= **Aphärese**).
Zum Vergleich:
difficile (e)st longum subito deponer(e) amorem (c. 76, 13)

Catull, Addita

1. Im **carmen 51** übersetzt (und variiert) Catull ein Gedicht der griechischen Dichterin Sappho. Das griechische Gedicht dürfte ein Hochzeitslied für eines der Mädchen aus Sapphos Kreis gewesen sein.

Scheinen will mir, dass er den Göttern gleich ist,
jener Mann, der neben dir sitzt, dir nahe
auf den süßen Klang deiner Stimme lauscht, und
　　wie du voll Liebreiz

ihm entgegenlachst: doch, fürwahr, in meiner
Brust hat dies die Ruhe geraubt dem Herzen.
Wenn ich dich erblicke, geschieht's mit einmal,
　　dass ich verstumme.

Denn bewegungslos liegt die Zunge, feines
Feuer hat im Nu meine Haut durchrieselt,
mit den Augen sehe ich nichts, ein Dröhnen
　　braust in den Ohren,

und der Schweiß bricht aus, mich befällt ein Zittern
aller Glieder, bleicher als dürre Gräser
bin ich, bald schon bin einer Toten gleich ich
　　anzusehn...

Aber alles muss man ertragen, da doch ...

(die letzten Zeilen sind nicht überliefert)

(Max Treu, Tusculum-Bücherei,
3. Auflage, 1963/143a)

2. Viele Dichter haben versucht, Catulls **carmen 85** zu übersetzen. Keines der neugeschaffenen Gedichte kann jedoch dem Original auch nur nahe kommen.

Hassen und lieben zugleich muss ich. – Wie das? – Wenn ich's wüsste!
　Aber ich fühl's, und das Herz möchte zerreißen in mir.
(E. Mörike, 1840)

Ach, ich hasse und liebe. Du fragst, warum ich das tue.
　Weiß nicht. Ich fühl nur: es geschieht und tut weh.
(M. Brod, 1914)

O, ich hasse und liebe! Weshalb ich es tue, du fragst's wohl.
　Weiß nicht. Doch dass es geschieht, fühl ich – unendlich gequält.
(O. Weinreich, 1960)

Ich hasse und ich liebe – warum fragst du vielleicht
　ich weiß es nicht ich fühl's – es kreuzigt mich.
(R. Schrott 1997)

Zum Abschluss

Nach der Lektüre der **Catulli carmina** bist du sozusagen ein **Experte** geworden. Du möchtest nun deine Erfahrungen weitergeben und auch anderen Lust auf das Erfahren antiker literarischer Texte machen.

* Schreibe für eine neue Catull-Ausgabe einen **Umschlagtext** in der modernen Werbesprache!
* Denke dir eine **Fernseh-** und/oder **Rundfunkwerbung** für eine Neuausgabe des Catull aus!
* Bereitet zu zweit ein (scharfes) **Interview mit Catull** vor!
* Bereitet zu zweit ein (scharfes) **Interview mit Lesbia** vor.

(Wenn es möglich ist, verwendet bei den letzten drei Punkten die Videokamera und/oder ein Tonbandgerät.)

Carl Orff: Catulli carmina

Carl Orff (1895 – 1982) formte zehn Gedichte des C. Valerius Catullus in ein Tanzspiel um, das er mit eigenen Zwischentexten verband. Die **„ludi scaenici",** in denen Bild und Sinn durch das Medium Musik freigesetzt werden, spielen sich auf verschiedenen Ebenen ab (sozusagen eine Bühne auf der Bühne). Im Zentrum steht eine trapezförmige Spielfläche. In der Mitte befindet sich eine Säule, dahinter das Haus der Lesbia, links eine Taberna und das Haus des Caelus, rechts die Häuser der Ipsitilla und der Ameana.

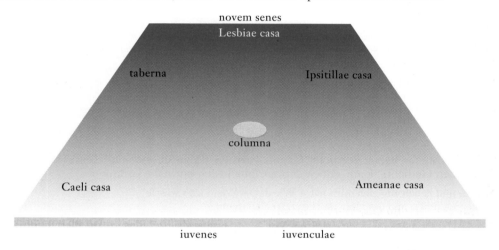

novem senes
Lesbiae casa
taberna   Ipsitillae casa
columna
Caeli casa   Ameanae casa
iuvenes   iuvenculae

Davor steht die von Liebe bestimmte Jugend und dahinter stehen neun Greise, die das Geschehen beobachten und kommentieren. Alle, Catull, Lesbia, die senes und die iuvenes iuvenculaeque sind Zuschauer, aber auch Mitspieler. Im Zentrum durchleiden Catull und Lesbia ihre unglückliche Liebesbeziehung, die Jugend aber wendet sich davon ab und bekennt sich leidenschaftlich zur Liebe.

1. Akt:
Vor der Bühne sitzen links die jungen Männer, rechts die jungen Mädchen, in der Mitte die Greise.

Catullus ad columnam[1]:
carmen 85 (odi et amo)

Lesbia intrat[2].
Lesbia atque Catullus:
carmen 5 (vivamus, mea Lesbia, atque amemus)

---

[1] **columna,** -ae *f.:* Säule
[2] **intro 1:** eintreten

Lesbia atque Catullus ad columnam considunt:
carmen 51 (ille mi par esse deo videtur)
Catullus in Lesbiae gremio[1] indormit[2].
Amatores intrant.
Lesbia Catullum dormientem[3] relinquit.
Lesbia in taberna[4] saltat[5] coram[6] amatoribus[7].
Interim[8] Catullus expergiscitur[9].
Caelus intrat – Catullus desperat:
carmen 58 (Caeli, Lesbia nostra, Lesbia illa);
carmen 70 (nulli se dicit mulier mea nubere[10] malle[11])
Catullus et Caelus exeunt.
Senes applaudunt, dicentes: „Placet, placet, placet, optime, optime, optime!"

2. Akt:
Es ist Nacht. Catull schläft vor dem Haus Lesbias. Im Traum sieht er sich bei Lesbia:

carmen 109 (iucundum, mea vita, mihi proponis[12] amorem).
Lesbia permulcet[13] amicum.
Scaena[14] lasciva[15].
Catullus in se ipso Caelum cognoscit[16].
Catullus expergiscitur; casa[17] tenebris obruitur[18].
Catullus desperat:
carmen 73 (desine de quoquam quidquam bene velle mereri)
Senes applaudunt dicentes: „Placet, placet, placet, optime, optime, optime!"

[1] **gremium,** -i *n.:* Schoß
[2] **indormio 4:** schlafen
[3] **dormio 4:** schlafen
[4] **taberna,** -ae *f.:* Taverne; „Beisl"
[5] **salto 1:** tanzen
[6] **coram** (+ *Abl.:*) in Gegenwart von
[7] **amator,** amatoris *m.:* Liebhaber
[8] **interim:** inzwischen
[9] **expergiscor,** -pergísceris, -pergisci, exper-rectus sum: aufstehen
[10] **se núbere:** sich hingeben
[11] **malo,** mavis, malle, malui, – : lieber wollen
[12] **propono 3:** in Aussicht stellen
[13] **permulceo 2:** beruhigen
[14] **scaena,** -ae *f.:* Szene
[15] **lascivus,** -a, -um: (äußerst) ausgelassen
[16] **cognosco 3:** erkennen
[17] **casa,** -ae *f.:* Haus
[18] **tenebris obrúere:** verdunkeln (*wörtlich:* mit Dunkelheit überschütten)

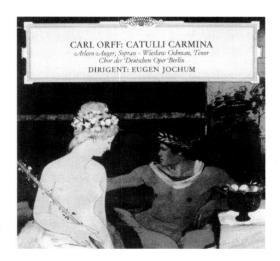

CARL ORFF: CATULLI CARMINA
Arleen Auger, Sopran · Wiesław Odmau, Tenor
Chor der Deutschen Oper Berlin
DIRIGENT: EUGEN JOCHUM

3. Akt:
Es ist Tag.

Catullus ad columnam:
carmen 85 (odi et amo)
Ipsitilla perbella[1] puellula[2] in fenestra[3] apparet[4].
Inflammatus[5] Catullus epistulam[6] scribit:
carmen 32 (amabo, mea dulcis Ipsitilla)
Ameana puella defututa[7] intrans incursat in[8] Catullum:
carmen 41 (Ameana puella defututa)
Catullus Ameanam propellit[9].
Inter amatores ac meretrices[10] ambulantes[11] Catullus Lesbiam solam petit atque petit[12]:
carmen 8 (miser Catulle, desinas ineptire[13]).
Catullus inter amatores titubans[14] corruit[15].
Caelus et Lesbia intrant. Lesbia conspicit Catullum exclamans[16]: „Catulle",
Catullus prosiliens[17]: „Lesbia" illam repellit[18]:
carmen 87 (nulla potest mulier tantum se dicere amatam)
Lesbia desperata in casam fugit.
Hic ludus scaenicus[19] finitur[20].

Exodium[21]: Chorus
Iuvenes atque iuvenculae[22] iam diu huius spectaculi[23] expertes[24] rursus permoti[25]
denuo[26] mutuo incenduntur ardore[27].

---

[1] **perbellus, -a, -um:** sehr schön
[2] **puellula, -ae** *f.*: „Mägdelein"
[3] **fenestra, -ae** *f.*: Fenster
[4] **apparére:** sich zeigen
[5] **inflammatus, -a, -um:** entflammt
[6] **epistula, -ae** *f.*: Brief
[7] **defututus, -a, -um:** abgetaktelt
[8] **incurso 1 (in +** *Akk.*): sich stürzen (auf)
[9] **propello 3,** propuli, propulsum: vertreiben
[10] **meretrix,** meretricis *f.*: Hure
[11] **ambulo 1:** herumspazieren
[12] **petit atque petit:** sucht immer wieder
[13] **ineptire** : ein Narr sein
[14] **titubo 1:** schwanken

[15] **corruo 3,** corrui, –: stürzen
[16] **exclamo 1:** ausrufen
[17] **prosilio 4,** prosilui, – : hervorschießen
[18] **repéllere:** zurückstoßen
[19] **ludus scaenicus:** Schauspiel, Tanzspiel
[20] **finio 4:** beenden
[21] **exodium, -i** *n.*: Nachspiel
[22] **iuvencula, -ae** *f.*: junges Mädchen
[23] **spectaculum, -i** *n.*: Schauspiel
[24] **expers** (*Gen.: expertis*): desinteressiert an
[25] **permotus, -a, -um:** sehr bewegt
[26] **denuo:** von neuem
[27] **ardor,** ardoris *m.*: Leidenschaft

A

acer, acris, acre	leidenschaftlich
admiror 1	sich wundern
adquiesco 3,	sich beruhigen;
adquievi, –	ausruhen
aequor, aequoris *n.*	Meer
aestuosus, -a, -um	heiß
aliquid	irgendetwas
amo 1	lieben
amor, amoris *m.*	Liebe
	(*auch konkret:*
	Geliebte, Geliebter;
	Liebesbeziehung)
animus, -i *m.*	Herz
approbatio,	
approbationis *f.*	Zustimmung
ardeo 2, arsi, –	brennen
artus, artus *m.*	Körperglied
assidue	stets
aufero, -fers, -ferre,	rauben
abstuli, ablatum	
aura, -ae *f.*	Luft
auris, auris *f.*	Ohr
ave!	sei gegrüßt!
aveo 2, –, –	begehren

B

basio 1	küssen
basium, -i *n.*	Kuss
beatus, -a, -um	glücklich
bellus, -a, -um	schön
bene velle (*alicui*)	(jemanden) schätzen
bonus, -a, -um	gut

C

cachinnus, -i *m.*	Gelächter
candidus, -a, -um	glänzend; weiß
carta, -ae *f.*	Papyrus
carus, -a, -um	lieb
caveo 2, cavi,	sich hüten (+ *Infinitiv*)
cautum (+ *Konj.*)	
ceno 1	speisen
commodum, -i *n.*	Annehmlichkeit
contra	als Erwiderung
crudelis, crudele	grausam
cubo 1, cubui,	schlafen
cubitum	
cum	wenn;
(*Konjunktion*)	als

cum ... tum	einerseits ... anderseits
cupiens	voll Begierde
(**Gen.**: cupientis)	

D

dein = deinde	hierauf
deliciae, -arum *f. Pl.*	Vergnügen
desino 3,	aufhören
desii, -situm	
digitus, -i *m.*	Finger
diligo 3,	lieben
dilexi, dilectum	
dispereo, -is, -ire,	zugrunde gehen
disperii, –	
divus, -i *m.*	Gott
dolor, doloris *m.*	Schmerz
dono 1	schenken; beschenken
duco 3,	halten für
duxi, ductum	
dulcis, dulce	süß

E

elegans	fein
(*Gen.*: elegantis)	
eripio 3,	rauben
eripui, ereptum	
excrucio 1	quälen

F

factum, -i *n.*	Tat
femina, -ae *f.*	Frau
fertur (+ *Infinitiv*)	er, sie, es soll
	(angeblich)
fessus, -a, -um	erschöpft
fidelis, fidele	treu
foedus, foederis *n.*	Bündnis
formosus, -a, -um	schön
fraternus, -a, -um	des Bruders
fulgeo 2, fulsi, –	strahlen
furor, furoris *m.*	Raserei

G

gaudeo 2,	freuen
gavisus sum	
gremium, -i *n.*	Schoß

H

horribilis, horribile	furchtbar
huc ... illuc	hierhin ... dorthin

I

iaceo 2, iacui, –	liegen
identidem	immer wieder
illuc	dorthin
indomitus, -a, -um	wild
inferiae, -arum *f. Pl.*	Totenopfer
insidiae, -arum *f. Pl.*	Anschlag
invideo 2, invidi, –	neidisch sein
invitus, -a, -um	widerwillig
Ionius, -a, -um	jonisch
iucundus, -a, -um	lieb

L

laedo 3, laesi, laesum	verletzen; schaden
laetitia, -ae *f.*	Freude
laetus, -a, -um	froh
lectus, -i *m.*	Bett
lepidus, -a, -um	reizend
levis, leve	unbedeutend
libellus, -i *m.*	Büchlein
libido, libidinis *f.*	Lust
lingua, -ae *f.*	Zunge; Sprache
linquo 3, liqui, –	verlassen
ludo 3, lusi, lusum	spielen
lumen, luminis *n.*	Auge

M

magis	mehr
male est (mihi)	es geht (mir) schlecht
malo, mavis, malle, malui, –	lieber wollen
malus, -a, -um	bös; schlecht
medulla, -ae *f.*	Mark; Herz
metuo 3, metui, –	fürchten
mi = mihi	mir; für mich
misellus, -a, -um	arm
miser, -a, -um	arm; traurig
modo	gerade
modo ... modo	bald ... bald
mollis, molle	zart
mortuus, -a, -um	tot
multo (+ Komparativ)	viel
munus, muneris *n.*	Geschenk; Erfüllung der Pflicht
mutua reddere	erwidern
mutus, -a, -um	stumm
mutuus, -a, -um	gegenseitig

N

narro 1	erzählen
nasus, -i *m.*	Nase
nego 1	ablehnen
nepos, nepotis *m.*	Nachkomme
nequiquam	umsonst
ni oder **nisi**	wenn nicht
nimium	allzu; allzu sehr
novi, novisse	kennen
numerus, -i *m.*	Versmaß

O

obduro 1	hart sein
occido 3, occidi, –	vergehen
ocellus, -i *m.*	Äuglein; Perle
os, oris *n.*	Mund
otium, -i *n.*	Muße

P

passer, passeris *m.*	Sperling
per (+ *Akk.*)	über; bei
perditus, -a, -um	verloren; verzweifelt
perdo 3, perdidi, -ditum	zugrunde richten
pereo, -is, -ire, perii, -itum	vergehen; verloren gehen
perpetuus, -a, -um	ewig
pessimus, -a, -um	schlechtester
pestis, pestis *f.*	Unheil
pius, -a, -um	redlich
plurimi, -ae, -a	sehr viele
poema, poematis *n.*	Gedicht
poeta, -ae *m.*	Dichter
potis *oder* **pote**	fähig; möglich
priscus, -a, -um	altehrwürdig
puella, -ae *f.*	Mädchen
puer, pueri *m.*	Bub
pumex, pumicis *f.*	Bimsstein
purpureus, -a, -um	purpurrot

Q

qualis, quale	welcher, welche, welches
quare	deshalb
quicumque, quaecumque, quaecumque (*Pl.*)	alle, die

quicquid *oder* quidquid	was auch immer
quot	wie viele

R

redeo, -is, -ire, redii, -itum	wiederkehren
requiesco requi(ev)i, -quietum	sich erholen
requiro 3, requisivi, -quisitum	suchen; fragen
rideo 2, risi, risum	lachen

S

saec(u)lum, -i *n.*	Jahrhundert
sal, salis *m.*	Salz; Würze
savior 1	küssen
sedeo 2, sedi, sessum	sitzen
sensus, sensus *m.*	Sinn
sese = se	sich
seu	oder
simul	zusammen; sobald
sternuo 3, sternui	niesen
super	darüber; übrig

T

taceo 2, tacui, tacitum	schweigen

tanto ... quanto	mit gleichem Abstand ... wie
tecum	mit dir
tego 3, texi, tectum	bedecken
trecenti, -ae, -a	dreihundert
tristis, triste	traurig
tum	damals

U

ullus, -a, -um	irgendein; (*Pl.:*) irgendwelche
umquam	jemals
unda, -ae *f.*	Welle
unicus, -a, -um	einzig
urbanus, -a, -um	gebildet
uro 3, ussi, ustum	(*Passiv:*) glühen
usque	in einem fort

V

vae te!	wehe dir!
vastus, -a, -um	riesig
-ve	oder
ventus, -i *m.*	Wind
Venus, Veneris *f.*	Venus (*Göttin der Liebe*); (*Pl.:*) Reiz
venustus, -a, -um	reizend; lieb
versor 1	sich wälzen
verum	aber
vestis, vestis *f.*	Kleid
viso 3, visi, –	sehen

Verzeichnis der Sachinformationen

Tipps zum Weiterlesen

Catull auf Latein und Deutsch
Catull: Gedichte. Lateinisch-deutsch, übersetzt von Werner Eisenhut (Artemis-Tusculum), 10. Auflage, 1993
Catull: Sämtliche Gedichte. Lateinisch-deutsch, übersetzt von Carl Fischer (Insel TB), 1995
Catull: Sämtliche Gedichte. Lateinisch-deutsch, übersetzt von Michael von Albrecht (Reclam UB), 1995
Catull: Das Haar der Berenice. Gedichte. Lateinisch-deutsch, übersetzt von Thomas Kling (Edition Tertium), 1997
Catull: An Lesbia. Der erste Liebesdichter Europas, herausgegeben von Friedrich Maier (Buchner), 1998
Catull: Gedichte, übersetzt von R. Helm (Reclam UB)
Anna Radke: Katulla. Catull-Übersetzungen ins Weibliche und Deutsche (diagonal), Marburg 1992

Catull zum Anziehen
Catull: Odi et amo (T-Shirt, Größe XL, grau meliert), Ein Kore T-Shirt, 1998

Sachbücher über Alltag und Liebe im alten Rom
Karl Wilhelm Weeber: Alltag im Alten Rom. Ein Lexikon (Artemis), 1995/1997
Karl Wilhelm Weeber: Flirten wie die alten Römer (Artemis), 1997
Karl Wilhelm Weeber: Decius war hier ... Das Beste aus der römischen Graffiti-Szene (Artemis), 1996
Karl Wilhelm Weeber: Die Weinkultur der Römer (Artemis), 1993
Gerhard Fink: Schimpf und Schande. Eine vergnügliche Schimpfwortkunde des Lateinischen (Artemis), 1990

Liebesgedichte in der Weltliteratur
Bertholt Brecht (1898-1956): Liebesgedichte (Insel Bücherei)
Erich Fried (1921-1988): Liebesgedichte (Wagenbach-Quartbücher)
Johann Wolfgang von Goethe (1749-1832): Liebesgedichte (Insel TB)
Hermann Hesse (1877-1962): Wunder der Liebe. Liebesgedichte (Insel TB)
Heinz Kahlau (*1931): Du. Liebesgedichte (Aufbau TB)
Theodor Kramer (1897-1958): Lass still bei dir mich liegen. Liebesgedichte (Zsolnay)
Pablo Neruda (1904-1973): Liebesgedichte. Spanisch-deutsch (dtv)
Ovid (43v.-17/18 n.Chr.): Amores/Liebesgedichte. Lateinisch-deutsch (Reclam UB)
Rainer Maria Rilke (1875-1926): Wie soll ich meine Seele halten (Insel Bücherei)
Anne Sexton (1928-1974): Liebesgedichte. Love Poems. Englisch-deutsch (Fischer TB)
Deutsche Liebesgedichte. Arbeitstexte für den Unterricht (Reclam UB), 1985
Nichts ist versprochen. Liebesgedichte der Gegenwart (Reclam UB)
Die schönsten Liebesgedichte (Insel TB), 1996
Deutsche Liebesdichtung aus acht Jahrhunderten (Manesse), 1996
Deutsche Liebeslyrik (Reihe Reclam/Reclam UB), 1995